CAEP 中国环境规划政策绿皮书

中国环境税收政策发展报告2021

CHINA'S REPORT ON ENVIRONMENTAL TAX POLICY 2021

龙凤　毕粉粉　田雪　等/编著

中国环境出版集团·北京

图书在版编目（CIP）数据

中国环境税收政策发展报告. 2021 / 龙凤等编著
. -- 北京 : 中国环境出版集团, 2023.12
（中国环境规划政策绿皮书）
ISBN 978-7-5111-5778-2

Ⅰ. ①中… Ⅱ. ①龙… Ⅲ. ①环境税－税收政策－研究报告－中国－2021 Ⅳ. ①F812.422

中国国家版本馆CIP数据核字(2023)第254795号

策划编辑 葛 莉
责任编辑 王 洋
封面设计 彭 杉

出版发行 中国环境出版集团
（100062 北京市东城区广渠门内大街 16 号）
网 址：http://www.cesp.com.cn
电子邮箱：bjgl@cesp.com.cn
联系电话：010-67112765（编辑管理部）
发行热线：010-67125803，010-67113405（传真）
印 刷 北京中科印刷有限公司
经 销 各地新华书店
版 次 2023 年 12 月第 1 版
印 次 2023 年 12 月第 1 次印刷
开 本 787×1092 1/16
印 张 11.5
字 数 150 千字
定 价 82.00 元

《中国环境规划政策绿皮书》
编 委 会

《中国环境税收政策发展报告（2021）》编委会

执行摘要

环境税是国家采用税收手段调控经济主体行为、直接或间接促进环境保护的各种税收的总称。“十三五”时期以来，我国以环境保护税、资源税、耕地占用税“多税共治”，以增值税、企业所得税等系统性税收优惠政策“多策组合”的绿色税收体系框架构建形成，在有效抑制企业高污染高耗能行为的同时，鼓励企业节能减排，双向调节助力绿色低碳发展。这些环境税收政策的制定实施，既注重对生态环境保护、创新发展的激励，又强化对破坏生态、粗放发展的约束，为经济高质量转型发展和实现“双碳”目标、建设美丽中国注入了强劲动力。

2021 年是“十四五”规划的开局之年，《中华人民共和国国民经济和社会发展第十四个五年规划和 2035 年远景目标纲要》提出调整优化消费税征收范围和税率，实施有利于节能环保和资源综合利用的税收政策等要求。我国提出二氧化碳排放力争于 2030 年前达到峰值、努力争取 2060 年前实现碳中和。环境税收作为促进节能减排、低碳绿色发展的重要政策工具，在支撑生态环境保护融入宏观经济发展及应对气候变化和促进低碳发展上发挥越来越重要的作用。自 2021 年 6 月 1 日起，城镇土地使用税、房产税、车船税、印花税、耕地占用税、资源税、土地增值税、契税、环境保护税、烟叶税 10 个财产和行为税税种合并申报在全国范围内推行，实现纳税人一次登录、一填到底，办税效率大幅提高。总体来看，我国环境税收政策体系不断健全完善，在引导绿色生产、鼓励节能减排、调整经济结构、促进绿色发展和生态文明建设、优化财政收入等方面的效应得以凸显。但仍然存在激励约束作用不足、征税范围待优化、征管机制不健全等问题，应进一步改革创新将其完善发挥政策合力，更加有效助推经济发展和生态文明建设和谐并进。

本书梳理分析了环境保护税、资源税、交通类环境税收、其他税收绿色化政策的 2021 年度研究进展、实施进展、存在的问题以及完善建议，总结了污染排放税和碳税的国际实践经验，并从环境保护税对企业绩效影响方面开展了实证研究和结果分析。附录部分梳理了 2021 年出台的有关环境税的主要政策法规文件清单，以及国家层面出台的有关环境税的法规文件全文。

中国环境税收政策年度发展报告由生态环境部环境规划院环境保护税研究中心（以下简称中心）牵头编制，系统呈现我国环境税收政策实施的年度进展。中心多年来一直开展环境税收政策研究，积极配合生态环境部和有关部委提供决策技术支撑。中心将联合有关单位继续深化环境税收政策研究，持续编撰中国环境税收政策年度发展报告，跟踪评估环境税收政策发展变化，不断完善报告分析方法、丰富报告内容、提升报告深度。

希望本书能够成为社会各界研究和了解我国环境税收政策实践年度进展的参考书、工具书，也希望通过分享交流，助力我国环境税收政策研究与决策。有必要指出的是，限于编写人员的能力水平以及资料占有的局限性，书中的一些结论可能会存在争议，希望诸位同仁一起，多加探索交流，也恳请广大读者批评指正。

Executive Summary

Environmental tax is a general term for various taxes adopted by Chinese government to regulate the behavior of economic entities through tax measures, with the aim of promoting environmental protection directly or indirectly. China has developed a framework for a green tax system during the 13th Five-Year Plan period. This framework involves the implementation of multiple taxes such as the environmental protection tax, resource tax, and farmland occupation tax. Additionally, it incorporates a combination of policies including value-added tax and corporate income tax, along with other systematic tax preferential policies. These measures effectively discourage enterprises from engaging in high-pollution and high-energy consumption practices, encourage energy conservation and emission reduction, and contribute to the advancement of green and low-carbon development. The formulation and implementation of these environmental tax policies not only focus on incentivizing ecological environment protection and innovative development but also strengthen the restraints on ecological destruction and extensive development. This injects strong impetus for high-quality economic transformation and development, and achieving the goals of "dual-carbon" and creating a beautiful China.

In 2021, with the commencement of the "14th Five-Year Plan" and the release of the "Outline of the 14th Five-Year Plan for National Economic and

Social Development and the Long-Term Goals for 2035 of the People's Republic of China," certain requirements were set forth. These include adjusting and optimizing the scope and tax rates of the consumption tax, as well as implementing tax policies that support energy conservation, environmental protection, and comprehensive resource utilization. China has set targets to peak carbon dioxide emissions by 2030 and achieve carbon neutrality by 2060. In this regard, environmental taxation plays an increasingly vital role in promoting energy conservation, carbon reduction, and the development of a low-carbon and green economy. Since June 1, 2021, ten types of property and behavior taxes, such as the urban land use tax, real estate tax, and stamp duty, have been merged and declared nationwide. This initiative has streamlined the tax filing process and greatly improved tax efficiency. Generally speaking, China's environmental tax policy system is continuously being enhanced, highlighting its effectiveness in guiding green production, promoting energy conservation, adjusting economic structure, fostering green development and ecological civilization construction, and optimizing fiscal revenue. However, it still leaves much to be desired, including insufficient incentives and constraints, the need for optimization in tax scope, and incomplete tax management mechanisms, which call for further reforms and innovations to enhance the effectiveness of environmental tax policies in promoting economic development and the construction of a harmonious ecological civilization.

This publication delves into the research progress, implementation progress, existing problems, and suggestions for improvement regarding environmental protection tax, resource tax, transportation-related environmental taxes, and other green tax policies in 2021. It also provides a summary of international practices in pollution emission tax and carbon tax, along with empirical research and analysis on the impact of environmental protection tax on enterprise performance. The appendix section includes key policy and regulatory documents related to environmental taxes issued in 2021, as well as the full text of national regulatory documents in this area. The purpose of this book is to serve as a reference and tool for various sectors of society to research and gain insights into China's annual progress in environmental tax policies. Additionally, it strives to contribute to the research and decision-making process regarding China's environmental tax policies through sharing and communication.

The Annual Development Report on China's Environmental Taxation Policy is produced by the Environmental Protection Tax Research Center of Chinese Academy of Environmental Planning. This report provides a comprehensive overview of the progress made in implementing environmental taxation policies in China on an annual basis. The research center has been dedicated to studying environmental tax and fee policies for many years and actively works with the Ministry of Ecology and Environment and other relevant ministries to offer technical support for decision-making processes. Going forward, the center will continue to deepen its research on environmental tax and fee policies in collaboration with other organizations. Furthermore, the center will continuously enhance the Annual Development Report by refining the analysis methods, expanding the content, and enhancing the depth of the report.

It is my hope that this book can serve as a valuable reference and tool for both researchers and the public to gain insights into the annual progress of environmental tax policy implementation in China. Through sharing and communication, I believe this report can contribute to further research and informed decision-making regarding environmental tax policies in our country. However, it is crucial to acknowledge that due to the varying abilities of our writing staff and data limitations, some of the conclusions presented in this book may be subject to debate. Therefore, I encourage my counterparts to engage in more exploration and communication, and I kindly request readers to provide constructive criticism of the work.

目录

1 1 研究进展
1 1.1 环境保护税
4 1.2 资源税
8 1.3 交通类环境税收
9 1.4 碳税
12 1.5 其他税收绿色化
14 2 国际实践经验
14 2.1 污染排放税国际进展
47 2.2 碳税国际进展
64 3 环境保护税政策
64 3.1 进展情况
69 3.2 问题分析
72 3.3 完善建议
75 4 环境保护税对企业绩效影响的实证研究
75 4.1 实证研究背景与意义
77 4.2 理论假设和机制分析
80 4.3 实证研究设计
85 4.4 实证研究结果分析
96 4.5 实证研究结论与改革建议

目录

98 5 资源税政策
98 5.1 进展情况
103 5.2 问题分析
104 5.3 完善建议
106 6 交通环境税收政策
106 6.1 进展情况
109 6.2 问题分析
111 6.3 完善建议
113 7 其他税收绿色化政策
113 7.1 进展情况
121 7.2 问题分析
123 7.3 完善建议
125 附 录
125 附录一 2021 年出台的环境税相关政策法规文件清单（部分）
128 附录二 环境保护税
138 附录三 交通类税收
144 附录四 其他税收
160 参考文献

1 研究进展

1.1 环境保护税

环境保护税的研究可追溯至阿瑟·庇古的庇古税理论，他认为征收庇古税有利于将排污者的资源环境成本内部化，是处理环境污染问题的重要经济抓手。环境保护税是我国利用市场经济手段保护环境的重要举措，也是绿色税制建设的重大突破。自环境保护税正式征收以来，国内学者关于环境保护税的研究逐渐深入。2021 年，国内对环境保护税的研究主要聚焦于环境保护税的实施效应评估和征管情况分析。

1.1.1 环境保护税的实施效应

环境保护税的双重红利效应一直是国内外学者研究的重点问题。Tullock[1]和 Pearce[2]认为征收环境保护税不仅可以实现环境外部成本内部化，降低污染排放，还会带来超额收益，增加税收收入，改善总体福利，因此征收环境保护税会带来双重红利效应。2021 年，我国对双重红利的讨论较少，王佳邓等[3]以江苏省为例，利用可计算的一般均衡（computable general equilibrium，CGE）模型和江苏省 2018 年环境社会核算矩阵验证了我国征收环境保护税能有效减少江苏省碳排放水平，但征收环境保护税会给江苏省经济带来负面影响，当征收税率上升时，江苏省地区生产总值（GDP）、出口、省际调出等会下降。在我国有关环境保护税效应的研究中，环境保护税的微观企业效应正逐渐成为学术界的研究热点，研究方向主要聚焦于环境保护税对企业绩效、企业创新及企业绿色化的影响，研究方法基本覆盖了 CGE 模型、多元回归、双重差分（DID）等方法。

（1）企业绩效和企业创新方面

Wen 等[4]利用我国上市公司面板数据，发挥金融市场的中介作用，发现环境保护税显著降低了重污染企业的创新投资和生产率，且减少了对重污染企业的银行贷款供应，普遍阻碍了该产业的升级。龙凤等[5]通过双重差分倾向得分匹配（PSM-DID）方法发现在短期内环境保护税税额标准提高并不会对企业绩效有显著影响，但在制度环境较好的东部地区，环境保护税对企业绩效的短期抑制作用效果显著。于连超等[6]持不同观点，他们认为环境保护费改税主要通过抑制企业过度投资和促进企业技术创新来提升企业产能利用率，在短期内可显著改善企业绩效。刘晓光等[7]也赞同缴纳环境保护税会“倒逼”企业通过技术创新的方式来提升财务绩效水平。

（2）企业绿色化方面

于连超等[8]运用 DID 方法发现环境保护费改税主要通过施加更大的环境合法性压力促进重污染企业绿色转型，主要表现在融资约束程度较低、委托代理成本较低、内部控制质量较高的企业中。陈建涛等[9]认为环境保护税能够推动重污染行业增加环保投资，同时增加了企业的环境保护税，但税额标准高低不会影响企业的环保投资情况。王珮等[10]

通过面板回归和中介效应模型发现环境保护税通过提高企业绿色技术创新能力提升企业环境、社会和公司治理（ESG）表现。甄美荣等[11]通过固定效应回归模型发现环境保护税与企业绿色化并非线性关系，环境保护税与企业绿色产品创新存在倒“U”形关系，与企业绿色工艺创新存在“U”形关系。

1.1.2 环境保护税的征管情况

目前，我国环境保护税政策研究多从税收征管的角度进行定性分析，分析税收征管中存在的问题并提出建议。其研究方向主要聚焦于环境保护税的税制设计、协同性、数据信息等方面。

（1）税制设计方面

丁国峰[12]基于公共利益视角认为现行的环境保护税存在征收范围有限、税率设置过低等问题。Wang 等[13]量化了全国 200 个城市的细颗粒物污染征税给城市家庭带来的经济负担，发现目前的税收方法范围划定存在一定的局限性，加剧了全国城市之间和各省内部的经济不平等程度。Li 等[14]通过估算环境保护税对 30 个省（区、市）化石燃料发电厂污染物减排的影响，发现其对环境重点监管地区和大型国有燃煤电厂的作用有限，税率设置有待进一步完善。国家税务总局北京市税务局课题组等[15]通过对比北京市与天津市、河北省，发现跨省（市）的建筑扬尘环境保护税的纳税主体不统一，给基层税务机关带来的执法风险较大。国家税务总局天津市税务局课题组等[16]调研了天津市环境保护税征收的情况后，发现存在税收优惠政策有待完善、建筑扬尘环境保护税征管问题突出等情况。

（2）协同性方面

黄素梅等[17]指出环境保护税征管存在跨部门协作难度大、税收征管协作制度不健全、税收核定程序不明确、复核规定不具体，以及生态环境部门的主体地位与责任性质界定阙如等问题，应修订《中华人民共和国税收征收管理法》和《中华人民共和国环境保护税法》（以下简称《环境保护税法》），提升部门协作。曹晓青等[18]和张希栋[19]认为税务机关和生态环境部门的权责划分不够细化，税务机关和生态环境部门的信息交流存在“瓶颈”。王新涛[20]认为排污许可与环境保护税联动管理不足，应从完善法律法规体系、建立协同作战机制、建立核算复核机制、建立大数据共享机制 4 个方面构建排污许可制与环境保护税衔接耦合机制。

（3）数据信息方面

于佳曦等[21]发现环境保护税征管存在污染物排放量的确定影响精准征收的问题，特别是自动监测设备安装覆盖率低、对自动监测设备的运行维护和数据监管不足、委托监测数据的客观性不足等，而问题的根源是现行制度规定限制了污染物排放量的监测效率。刘田原[22]认为未来我国应进一步完善涉税信息共享机制，提高污染监测数据的准确程度，改进涉税信息共享平台的功能，明确征管各方主体的法律责任。陈煌等[23]认为我国应通过建立跨部门有效合作机制，完善第三方监测监管和涉税信息共享平台，以解决环境保护税税额复核主动性不足、监测结果认定缺乏监督等问题。

1.2 资源税

国外学者在资源税理论体系研究上更早更成熟，在资源税改革的影响上更侧重资源税税收体系的设计，并取得了较多具有实际意义的成果。我国对资源税的研究起步较晚，但是研究成果同样丰富，对资源税的研究主要分为定性研究和定量研究。针对资源税存在的诸多问题，国内学者先后围绕资源税的税费制度、计征方式、税率以及资源税改革的影响等方面开展了研究，提出了诸多具有参考意义的结论。随着《中华人民共和国资源税法》的出台，资源税改革持续深化，当前对资源税的研究多集中在改革的影响方面。2021 年，国内关于资源税的研究主要聚焦于资源税改革的影响、资源税立法制度及水资源税改革的实施进展和问题建议等方面。

当前，我国正在探索更加符合国情的资源税征收方式，以期对税收不断调整，运用税收杠杆效应缓解资源供给与需求之间的矛盾。通过阅读并整理资源税的相关文献，了解学者对资源税政策的研究进展和研究方法，可为本书提供理论基础和重要参考。

1.2.1 资源税改革的影响研究

研究方向主要聚焦于资源税改革对财政收入、企业的影响，以及对大气环境质量改善的综合效应等方面。

（1）对财政收入的影响方面

李跃[24]将资源税改革对财政收入的影响机理做了剖析，认为资源税改革促进了资源税收入的增长，进而促进了财政收入的增长，并提出了适当拓宽资源税征收范围、提高资源税费征收效率、完善资源税收益分配机制、完善资源税法律制度体系、拓宽产业链和多渠道开辟税源的政策建议。张迎春[25]研究了资源税改革中收入分配机制、税率、资源产品价格，以及优惠政策等变化对山东省财政收入产生的直接和间接影响，并基于结论分析，从持续深化资源税改革、完善资源税配套机制、地方政府调控与市场监管等方面提出了一些切实可行的政策建议。

（2）对企业的影响方面

林锋[26]主要分析了资源税改革对矿山企业产生的一系列影响，在积累税收制度改革经验的基础上分析了资源税改革对财政税收工作的影响及对策。鲍春晓[27]利用煤炭行业 16 家上市公司的财务报表，分析了资源税改革前后资产、税费以及营业收入和利润的变化，以神东煤炭企业为例进行了具体分析，给出了资源税改革前后企业税负的变化以及改革对企业销售收入、成本和利润的影响，进而分析原因并提出策略。余玥[28]提出了资源税改革对企业绿色创新影响的命题，分析了资源税改革影响企业绿色创新的作用机制，利用 2000—2017 年中国沪深 A 股上市公司数据，应用双重差分模型实证分析了资源税改革政策对企业绿色创新的影响，最后给出了提高企业绿色创新能力的政策建议。

（3）对大气环境质量改善的综合效应方面

秦洁瑶[29]对 2012—2019 年我国 31 个省（区、市）的面板数据进行实证分析，得出了资源税征收能对空气质量产生综合改善作用的结论，提出了资源税改革过程中相应的政策建议。

1.2.2 资源税立法制度研究

李慧玲等[30]对我国资源税授权立法制度开展了研究，指出该领域授权立法仍然存在《中华人民共和国立法法》（以下简称《立法法》）中税收法律保留事项范围过窄、单行法授权立法条款内容不全面或不明确、授权立法条款与上位法冲突或与税收法定原则相悖、授权地方立法弹性过大、授权立法监督不到位等问题，提出应在《立法法》中扩大税收法律保留事项范围，在单行法中补全授权立法条款内容，进一步明确被授权立法主体、消除立法冲突、缩小税率幅度、强化授权立法监督，以完善我国资源税授权立法制度，真正实现税收法定和税收公平。张健等[31]对天津市资源税立法进行专题调研，全面梳理现行资源税政策实施情况，了解各方面有关情况，深入分析存在的问题，形成天津市资源税立法专题调研报告。

1.2.3 水资源税改革的实施进展和问题建议研究

研究方向主要聚焦于国家改革整体、地方改革实践、征管协作机制等方面。

（1）国家改革整体方面

姜昕等[32]围绕我国水资源税全面推广问题，梳理了国内水资源“从费到税”的发展历程、对比了10个试点地区的水资源税改革暂行办法，评价其改革成效和存在的问题，最后提出了完善计量体系、完善农业用水税收机制、界定共享税、构建有效监管体系等建议，以期对全面推进水资源税改革提供有益参考。范国华[33]论证了要在大环境下进行水资源税改革的必要性和迫切性，同时在调查研究10个省（区、市）水资源税改革试点工作实效的基础上，总结分析了水资源税改革的成功经验和所面临的问题，从而在改变纳税环节、坚持差别税率、完善农村水资源税征收办法、建立水资源税征管协作机制等方面提出了相关建议。郑贵华等[34]指出了水资源税在全面推广过程中存在税收征收环节设计不合理、税收征管体系不完善、水资源税配套设施不完善等问题，根据试点改革实践经验和国内水资源税征收案例，从税收征收环节设计优化、税收征管体系优化、加强水资源税基础设施投入等方面提出了对策建议。

（2）地方改革实践方面

刘福荣等[35]对宁夏回族自治区有关部门和各地市水资源税改革实施情况进行了调研走访和系统评估，指出改革实施3年来取得了明显成效，但也存在减免税政策还需优化、公共供水征税环节不统一、特种行业分类不完善、农业用水水资源税征收困难、计量监测与信息化建设滞后等问题，针对税收分类、税额标准、税收优惠、征收管理、部门协作、信息化建设、农业农村用水等方面提出了深化水资源税改革的对策建议。赵志尚等[36]通过对山东省德州市水资源税改革试点情况的调查，阐述了水资源费（税）征收中存在的主要问题，分析了德州市水资源税改革对取用水户和水资源管理的影响，对今后做好水资源税改革工作提出了相关建议。

（3）征管协作机制方面

顾德瑞[37]主要从税收征管协作机制出发，认为税务机关很难独自完成一些需要专业技术判断等方面的工作，需要与其他部门协作，目前受限于各部门之间的竞争和利益关系，信息交换很难做到及时有效，征管协作也就难以发挥有效作用。

1.3 交通类环境税收

1.3.1 车辆购置税优惠显著提升新能源汽车企业创新绩效

高新伟等[38]研究表明，对具有不同特性的新能源汽车企业，车辆购置税优惠对其创新绩效的作用效果不同。车辆购置税优惠对小规模企业创新绩效的促进作用强于大规模企业。相较于国有企业，车辆购置税优惠对非国有企业创新绩效的促进作用更强。成长性越高的企业，车辆购置税优惠对其创新绩效的激励作用越强。孟为[39]指出，车辆购置税减免可显著提升试验组企业的存货周转率，新能源汽车车辆购置税免征将促使新能源汽车概念板块企业增加研发投入，小排量乘用车车辆购置税减征政策对研发的激励作用有限。谭宜功[40]建议，新能源汽车对保护环境起到一定的促进作用，因此，需要在减税政策的基础上，优化小排量和新能源汽车，以此引导消费者选择小排量和新能源汽车。

1.3.2 小汽车消费税征收环节后移并下划地方改革逐步推进

《中华人民共和国国民经济和社会发展第十四个五年规划和2035年远景目标纲要》进一步明确指出，推进消费税征收环节后移并稳步下划地方。以拓展地方收入来源和引导地方改善消费环境为目的、以部分消费税品目征收环节后移为突破口的新一轮消费税改革，将成为近期财税领域的重要改革事项。张德勇[41]提出构建以国内大循环为主体、国内国际双循环相互促进的新发展格局，小汽车消费堪当重任，需要进一步深化小汽车消费税改革。小汽车的消费需要地方政府配套投资建设城市道路和公共停车位等基础设施以改善消费环境。如果将小汽车消费税的征收从生产环节后移至零售环节，就可以显著提高税收水平，从而更有效地促进消费者理性消费；与此同时，如果将征收环节后移的小汽车消费税收入下划给小汽车消费地的地方政府，让地方与中央共享小汽车消费税收入，则能拓展地方收入来源，引导地方政府改善小汽车的消费环境。王文甫等[42]建议2021年宜将小汽车纳入消费税征收环节后移改革的范围。罗秦[43]提出按照“引导地方改善消费环境”的要求，小汽车消费税下划地方，拓宽地方收入，应在改善本地小汽车消费环境方面有所作为，助力消费升级。

1.4 碳税

习近平主席在第七十五届联合国大会一般性辩论上向国际社会做出中国“二氧化碳排放力争于2030年前达到峰值，努力争取2060年前实现碳中和”的承诺，并在气候雄心峰会上提出了“碳达峰、碳中和”（以下简称“双碳”）的具体目标。碳定价机制是实现“双碳”目标的重要政策工具，碳排放权交易和碳税是碳定价机制的两大重要抓手。目前，我国已建立了全国碳排放权交易市场。在此背景下进一步拓宽碳减排途径、机制和政策思路，重新审视征收碳税的问题，成为今年我国学者研究环境税收政策的重点话题之一。关于碳税的研究主要分为两大部分，一部分是碳税的制度设计，另一部分是碳税的政策效应分析。以下将从这两个方面进行分析。

1.4.1 碳税的制度设计

无论是从宏观的政策框架搭建上，还是从微观上对区域、产业征收碳税方面，学者们都对碳税进行了深入探讨。

（1）构建复合型碳定价机制

贾晓薇等[44]认真分析了碳减排复合机制的国际经验，提出碳减排复合机制可以同时利用碳税这一价格控制机制与碳排放权交易这一数量控制机制来实现碳减排的目标，是应对气候变化的有效机制，有利于实现“双碳”目标。曹斯蔚[45]基于全球公共物品视角研究，认为我国应开征碳税辅以碳排放权交易、碳标签制度，共建“一揽子”复合型政策工具包。王茹[46]运用新多源流理论框架，提出碳税与碳交易政策需实现时间协同、目标协同和效果协同，同时实施碳税和碳交易还有可能扩大区域间发展的差距。

（2）具体的碳税制度设计

①税率方面。李建军等[47]认为在碳税初期实行较低的税率，后期可依据碳减排目标和碳税的减碳效应逐步优化调整。丁成林等[48]提出依据化石燃料碳含量的行业差异和承受能力，设置差异化税率。②征收范围。许文[49]提出在实行碳配额免费分配的情况下，碳税在征收范围上应考虑对全部排放企业进行征收，以保证政策的公平性和调控效果。同时考虑到部分征收碳税的企业也可能参与自愿减排交易，对其购买的国家核证

自愿减排量也应实施免碳税或抵免碳税的协调政策。谢超等[50]认为碳税的实施应该在低排放、高溢价的交通运输、化工等行业。张希良等[51]则认为未来碳税应覆盖难以被碳市场纳入的行业和小微企业，以避免产生碳泄漏问题。③收入归属方面。任超等[52]建议形成以环境现状为基准，在综合评估环境外部性影响的再循环机制下的碳税收入分配模式。葛杨[53]提出碳税税率可与市场碳价联动以形成更明确的价格信号，并且将碳税收入用于碳交易市场运行。与学者普遍赞成的将碳税设中央和地方的共享税不同，唐滔等[54]认为碳税收入应全部留存地方并专款专用。④征收时点方面。翁智雄[55]认为我国应尽早开征碳税。杨长进等[56]认为开征碳税的最佳时间点是碳达峰完成之前。

1.4.2 碳税的政策效应分析

国内学者还聚焦于研究碳税开征后带来的双重红利效应，并试图通过建立演化博弈模型和动态模型，对开征碳税后宏观经济、环境效应和微观企业经营情况进行评估和效果预测。

（1）宏观方面

汪中华等[57]运用 DSGE 模型发现碳税通过冲击清洁型和污染型厂商的技术，有利于改善整体环境质量和促进社会总产出增长。邵晖等[58]通过 CGE 模型研究发现碳税会对经济系统造成冲击，影响居民收入和居民福利，综合使用碳税政策将减少化石能源的消费量，使替代能源的消费量上升，有利于推动城市能源结构的优化。李毅等[59]利用 CGE 模型研究发现征收碳税有利于减少二氧化碳排放，且征税水平越高，降碳效果越明显。但征收碳税对经济增长、居民消费与企业收入具有显著的负向冲击。在短期内，碳税政策无法实现降碳促增的双重红利效应。翁智雄等[60]提出碳税返还能减少对宏观经济的负面影响。税收返还可使 2030 年的固定资本投资增加 1.89%，家庭消费增加 0.62%，进口增加 2.53%。

（2）微观方面

王明喜等[61]通过“国家-企业”博弈模型研究发现，征收差异税率的碳税政策虽然可以提升减排成本较低的企业的减排投资积极性，有效降低企业碳基能源的消耗，以及增强企业产品的市场竞争力，但也会抑制减排成本较高的企业进行减排投资和低碳研发，尤其是高能耗企业。安祺等[62]运用 CGE 模型研究发现，征收碳税通过进一步扩大碳定价机制的范围可以缓解重点行业的减排效应，从而缓解经济的负面影响。

1.5 其他税收绿色化

绿色税收政策是通过税收的价格效应，在生产与消费行为中起到调节作用、削弱污染型产品的市场竞争力和降低消费购买力，以及激励环保型产业可持续发展的政策。绿色税收政策是调节生态环境的有力经济手段，合理的绿色税制有助于生态环境的改善和绿色经济的发展，有利于“双碳”目标实现。除环境保护税和资源税外，增值税、企业所得税、消费税和关税也是绿色税制的重要组成部分。今年，我国关于绿色税制的研究主要分为两大方面，一方面是探究“双碳”目标下如何发挥绿色税制的作用，另一方面是聚焦于消费税绿色化的研究。

1.5.1 关于绿色税制的研究

绿色税制在促进“双碳”目标实现中发挥重要的调节作用。任高飞等[63]提出我国绿色税制仍存在现有涉及环保的税种不完善、税收调节范围过窄等问题，应借鉴国外绿色税制的实践经验，进一步完善税收优惠政策和消费税政策，建立合理的能源税和环境税体系，促进税收与其他经济、行政手段相互配合。张莉等[64]提出我国绿色税制应对碳排放和使用森林资源征收限制性税、完善税收优惠政策，鼓励低碳发展并开征碳税，全方位地促进“双碳”目标的实现。刘海英等[65]基于理论模型分析发现环境税和绿色补贴相配合能起到绿色技术创新诱导效应。周迪等[66]采用面板门槛模型，实证分析了绿色税收视角下产业结构变迁对碳排放的影响，结果发现绿色税收是产业结构调整中减少碳排放的中介变量。

1.5.2 关于消费税绿色化的研究

消费税作为绿色税制体系中的一部分，在环境保护中发挥着重要的调节作用。为进一步提高消费税的绿色化程度，国内学者主要提出了以下两个方面的建议。一是提高消费税对绿色消费的引导力度。孙玉栋等[67]认为可以通过消费税“价税分离”使消费者明确知悉自己承担的税负，建立“绿色”意识，主动减少浪费资源和污染环境的消费行为。马念谊等[68]指出应扩大消费税征税范围，将轮胎、橡胶制品、塑料袋、一次性餐盒、空调机、电子产品、发胶、杀虫剂、摄影用化学制剂、胶卷冲洗药水等高耗能、高污染商品纳入消费税征收范围。张德勇[69]认为我国应对高耗能、高污染和非健康消费品多做“加法”，增强消费税的调节作用，适度提高与生态环境保护和改善、减少资源消耗紧密相关的消费品的消费税税率。二是提高消费税对高耗能生产的限制力度。罗秦[70]认为消费税可以考虑采用税负累进方式，“多管齐下”加大消费税显性调控力，加大对高耗能、高污染消费品征税力度。佘倩影[71]建议以环境政策为取向的应税消费品进一步划分为以限制性为主的消费品与以节约性为主的消费品，并实施有差别的消费税政策，以此充分发挥消费税对高耗能生产的调节作用。

2 国际实践经验

2.1 污染排放税国际进展

2.1.1 总体情况

污染排放税是对污染物（如废气、污水和固体废物等）排放征收的环境税种。经济合作与发展组织（OECD）国家设置了众多不同的污染排放相关税目。每个税目又分别对不同的污染物实行不同的税收制度。表 2-1 总结了 OECD 国家实施污染排放税政策的情况。

表 2-1 OECD 国家污染排放税一览表

污染排放类		澳大利亚	奥地利	比利时	加拿大	捷克	丹麦	爱沙尼亚	芬兰	法国	德国	希腊	匈牙利	冰岛	爱尔兰	以色列	意大利	日本	韩国	拉脱维亚	立陶宛	卢森堡	墨西哥	荷兰	新西兰	挪威	波兰	葡萄牙	斯洛伐克	西班牙	瑞典	瑞士	土耳其	英国	美国
大气污染类税费	硫税	√		√		√	√	√			√						√	√	√	√							√		√	√	√				
	氮氧化物税	√			√	√	√	√		√			√		√		√			√	√					√	√		√	√	√				√
水污染类税费		√		√	√	√	√	√	√	√	√	√	√	√		√	√	√	√	√	√	√	√	√			√		√	√	√		√	√	√
固体废物类税费		√														√	√						√												√
废物处理相关税费		√	√	√	√		√	√	√	√		√	√	√	√	√	√	√		√			√	√	√	√	√	√	√	√	√	√		√	√
噪声税费		√							√	√	√		√				√	√	√					√		√		√		√	√	√	√		

数据来源：根据 OECD 网上环境税数据库整理。

2.1.2 大气污染类税费

对污染直接征税（如排污税）通常被认为是治理污染最有效的工具。理想状态下的庇古税，是消除污染外部性的政策手段之一，它具有较高的经济效率，包括“静态效率”（实现既定环境目标时的总成本最小化）和“动态效率”（为减少污染的技术创新提供持续的激励）。OECD 国家大气污染类税种较为常见的有硫税和氮氧化物税。

（1）硫税

目前，捷克、韩国、爱沙尼亚、意大利、丹麦、拉脱维亚、波兰、斯洛伐克、西班牙、瑞典、比利时、德国等国家对二氧化硫（SO_2）排放征税。详情见表 2-2。

从征管部门上看，捷克、韩国、爱沙尼亚、斯洛伐克、拉脱维亚等国家是通过环境部来征收二氧化硫相关税费，意大利、丹麦、瑞典、比利时等国家是通过（经济）财政部（公共财政部）或税务部来征收相关税费，西班牙是通过农业、食品、环境部来征收相关税费，波兰通过气候部来征收相关税费，德国通过联邦交通、建筑和城市事务部来征收相关税费。

从征税环节上看，捷克、韩国、爱沙尼亚、意大利等大部分国家是对 SO_2 或相关硫化物在直接排放环节征收税费，波兰、瑞典、比利时、丹麦等国家是对相关化石燃料在消费环节征收税费。

从计税依据上看，多数国家按照监测或估算的二氧化硫排放量征收，波兰、瑞典、比利时、德国按照硫含量征收，丹麦规定应税企业可以从上述两种方式中进行选择。

从税率上看，各国的税率水平相差很大。对二氧化硫排放量征税的国家中，丹麦的税率最高，为每吨二氧化硫 1 620 欧元；斯洛伐克的税率最低，为每吨二氧化硫 64 欧元。在瑞典，对煤炭、焦煤、焦油、泥炭燃料按照每吨硫 3 167.6 欧元征税，对柴油、重油和轻油，按照每立方米征税 2.850 8 欧元（按 0.1%硫含量计算）。比利时和德国是按照不同燃料的硫含量和燃料体积设定不同的税率。

从税收优惠政策上看，大部分国家对排放量低的企业实行免税政策，如韩国对小微企业和排放量低于规定标准 30%的企业减免。还有部分国家对用于一些规定活动的硫排放实行免税政策，如丹麦规定对用于技术目的的矿物油、用于飞机载运硫含量应纳税的货物和交付给外交部门和国际组织的货物实行免税政策。

从税收使用上看，大部分国家对硫的税收用于环境保护和空气改善活动，其中一部分国家，如韩国、拉脱维亚等将硫税收入按一定的比例分给中央政府或地方政府，然后由政府将收入用于环境保护等活动；另一部分国家，如波兰、爱沙尼亚等也会将一部分收入直接归入生态保护基金或机构。

表 2-2　OECD 国家硫税税制要素基本情况

国家	税费	征管部门	征税对象	征税环节	纳税人	计税依据	税率测算	税收优惠	税收使用
捷克	空气污染费	环境部	向空气中排放的 SO_2	直接排放环节	排放主体	SO_2 排放量	164 欧元/t SO_2	总金额低于 50 000 捷克克朗，不收取费用	全部用于大气污染防治
韩国	空气污染费	环境部	向空气中排放的 SO_2——基本水平	直接排放环节	排放主体	SO_2 排放量	389.6 欧元/t SO_2	小微企业免除基本费用	中央政府收入的 90%专门用于环境投资
			向空气中排放的 SO_2——超额水平	直接排放环节	排放主体	SO_2 排放量	389.6 欧元/t SO_2	排放量低于允许排放标准的 30%免除超额费用	
爱沙尼亚	空气污染费	环境部	向空气中排放的 SO_2 或其他无机硫化物——基本水平	直接排放环节	排放主体	SO_2 或其他无机硫化物排放量	145 欧元/t SO_2	—	大部分收入专门用于通过环境投资中心进行资源再生、保护环境和修复环境
			向空气中排放的 SO_2——超额水平	直接排放环节	排放主体	SO_2 排放量	1 119 欧元/t SO_2	—	
			向空气中排放的 SO_2——未经许可	直接排放环节	排放主体	SO_2 排放量	2 238 欧元/t SO_2	—	

国家	税费	征管部门	征税对象	征税环节	纳税人	计税依据	税率测算	税收优惠	税收使用
意大利	二氧化硫和氮氧化物税	经济财政部	向空气中排放的 SO_2	直接排放环节	排放主体	SO_2 排放量	106 欧元/t SO_2	—	—
斯洛伐克	空气污染费	环境部	向空气中排放的 SO_2	直接排放环节	排放主体	SO_2 排放量	64 欧元/t SO_2	—	—
西班牙	环境危害税	农业、食品、环境部	向空气中排放的 SO_2	直接排放环节	排放主体	SO_2 排放量	根据不同等级的排放量设定不同的税率	生产用于汽车消费的电力；专门用于水净化设施的活动；公共部门开展的活动等	收入专门用于保护和改善环境，按照瓦伦西亚年度预算法规定执行
拉脱维亚	空气污染费	环境部	向空气中排放的 SO_2	直接排放环节	排放主体	SO_2 排放量	85.37 欧元/t SO_2	资助减少空气污染或资源消耗项目的污染者可以获得与实施此类项目所需金额相等的费用补贴	国家环境基金获得收入的40%和地方政府组织的市政环境基金获得收入的 60%专门用于环境保护

国家	税费	征管部门	征税对象	征税环节	纳税人	计税依据	税率测算	税收优惠	税收使用
波兰	空气污染费	气候部	化石燃料中的硫含量	燃料消费环节	排放主体	化石燃料的硫含量	130.2 欧元/t 硫	如果所有费用/收费（空气、废物）的年度总额小于或等于 800 波兰兹罗提（PLN），则没有付款义务	20%归于市政府、10%归于县政府、46%归于省级生态基金和 24%归于国家生态基金。地方政府应将收入用于环境保护和水环境管理
比利时	燃料和电力的消费税	公共财政部	燃料柴油中的硫含量	燃料消费环节	排放主体	燃料的硫含量和燃料体积	根据使用不同硫含量的燃料设置不同的税率	对用于一些规定活动的燃料免税	—
瑞典	硫税	财政部	煤炭、焦煤、焦油、泥炭燃料中的硫含量	燃料消费环节	排放主体	燃料的硫含量	3 167.6 欧元/t 硫	对用于一些规定活动的燃料免税	—
			柴油、重油、轻质燃料油中的硫含量	燃料消费环节	排放主体	燃料体积	2.850 8 欧元/m^3（按 0.1%硫含量计算）	对用于一些规定活动的燃料免税	—

国家	税费	征管部门	征税对象	征税环节	纳税人	计税依据	税率测算	税收优惠	税收使用
德国	矿物油税	联邦交通、建筑和城市事务部	各种矿物油中的硫含量	矿物油消费环节	排放主体	矿物油的硫含量和燃料体积	根据不同硫含量的矿物油料设置不同的税率	对用于一些规定活动的燃料免税	生产部门企业有权获得额外的退款要求，一方面由矿物油税费决定，另一方面由雇主在养老保险缴费中所占份额的减少所决定
丹麦	硫税	税务部	化石燃料中的硫含量	燃料消费环节	排放主体	硫含量	3 240 欧元/t 硫	对用于技术目的的矿物油免税；对通过飞机载运硫含量应纳税的货物免税；对交付给外交部门和国际组织的货物免税	—
			排放到空气中的 SO_2	直接排放环节	排放主体	SO_x 排放量	1 620 欧元/tSO_2		—

（2）氮氧化物税

目前，澳大利亚、美国、瑞典、加拿大、捷克、丹麦、爱沙尼亚、斯洛伐克、法国、匈牙利、意大利、拉脱维亚、立陶宛、挪威、波兰、西班牙、爱尔兰对氮氧化物排放征税。其中，瑞典只对发电厂征收，其他国家地区对工业企业普遍征收。另外，美国的缅因州对氮氧化物排放实施许可证收费。上述国家和地区都按照监测或估算的氮氧化物排放量征税。详情见表 2-3。

从征管部门上看，捷克、爱沙尼亚、法国、立陶宛、拉脱维亚、美国、加拿大等国家是通过环境部（环境保护局）来征收氮氧化物相关税费，意大利、丹麦、瑞典、匈牙利、挪威、爱尔兰等国家是通过（经济）财政部或税务部（局）来征收相关税费，澳大利亚是通过环境与可持续发展局来征收相关税费，西班牙是通过农业、食品、环境部来征收相关税费，波兰通过气候部来征收相关税费。

从征税环节上看，澳大利亚、加拿大、捷克、丹麦等大部分国家是对氮氧化物在直接排放环节征收税费，爱尔兰是在车辆登记环节，对车辆登记主体征收氮氧化物附加费。

从税率上看，各国的税率水平相差很大。瑞典的税率最高，对发电厂排放每吨氮氧化物征收税费 2 579.4 欧元；澳大利亚首都地区对商业焚烧排放的氮氧化物征收的税率最低，每吨氮氧化物征收 6.7 欧元，但该地区对发电厂排放的氮氧化物征收的税率为每吨 168 欧元。美国缅因州根据允许的氮氧化物排放额度征收累进费率，并对氮氧化物征收每吨 1.661 7 欧元的附加费。爱尔兰在对汽车征收车辆登记税时会征收氮氧化物附加费，其中对使用重油的汽车征收每辆不高于 4 850 欧元的附加费，对其他汽车每辆征收不高于 600 欧元的附加费。

表 2-3　OECD 国家氮氧化物税税制要素基本情况

国家	税费	征管部门	征税对象	征税环节	纳税人	计税依据	税率测算	税收优惠	税收使用
澳大利亚	环境保护费	澳大利亚首都地区——环境与可持续发展局	商业焚烧排放的 NO_x	直接排放环节	商业焚烧者	NO_x 排放量	6.7 欧元/t NO_x	—	—
			在熔炉或窑炉中制造物品时排放的 NO_x	直接排放环节	排放主体	NO_x 排放量	7.4 欧元/t NO_x	—	—
			发电厂向空气中排放的 N_2O	直接排放环节	发电厂	N_2O 排放量	168 欧元/t N_2O	—	—
加拿大	排放税——大不列颠哥伦比亚省	大不列颠哥伦比亚省环境部	向空气中排放的 NO_x——许可证	直接排放环节	排放主体	NO_x 排放量	7.216 5 欧元/t NO_x	对持有某些特殊批准许可证的企业免税	全部用于资助各种环境保护活动
捷克	空气污染费	环境部	向空气中排放的 NO_x	直接排放环节	排放主体	NO_x 排放量	29.592 0 欧元/t NO_x	对作为农业副产品产生的氨和甲烷排放免税；对在去除氮氧化物排放的设施中作为副产品产生的氨排放免税；对容量不超过 50 kW 的燃烧源免税	全部用于环境保护工作

国家	税费	征管部门	征税对象	征税环节	纳税人	计税依据	税率测算	税收优惠	税收使用
丹麦	氮氧化物税	税务部	各种设备或物质燃烧产生的 NO_x	直接排放环节	排放主体	NO_x 排放量	根据不同的设备和物质而定税率	对炼油厂生产和消费的能源产品免税；对用作发动机燃料的生物燃料免税；对用于外贸船舶的能源产品免税；对出口的煤油免税等	—
法国	污染活动一般税	环境部	向空气中排放的 NO_x	直接排放环节	排放主体	NO_2 排放量	64.86 欧元/t NO_x	—	—
			向空气中排放的 NO_x	直接排放环节	排放主体	NO_x 排放量	160.8 欧元/t NO_x	—	—
爱沙尼亚	空气污染费	环境部	向空气中排放的 NO_2——允许范围	直接排放环节	排放主体	NO_x 排放量	122 欧元/t NO_x	—	大部分收入专门用于通过环境投资中心进行资源再生、保护环境和修复环境等活动
			向空气中排放的 NO_x——超出允许水平	直接排放环节	排放主体	NO_x 排放量	1 112 欧元/t NO_x	—	—
			向空气中排放的 NO_x——未经许可	直接排放环节	排放主体	NO_x 排放量	2 224 欧元/t NO_x	—	—

国家	税费	征管部门	征税对象	征税环节	纳税人	计税依据	税率测算	税收优惠	税收使用
瑞典	氮氧化物排放税	财政部	发电厂排放的 NO_x	直接排放环节	发电厂	NO_x 排放量	2 579.4 欧元/t NO_x	对发电量小于 25GW·h 的燃煤电厂实行减税	税收按照发电厂发电量在总能量输出中的份额比例退还给发电厂（除国家环境保护局征收工作的行政费用外）
匈牙利	空气负荷税	财政部	向空气中排放的 NO_x	直接排放环节	排放主体	NO_x 排放量	385.3 欧元/t NO_x	对因更换燃料或解决电力系统危机所需的排放免税	—
意大利	二氧化硫和氮氧化物税	经济财政部	向空气中排放的 NO_x	直接排放环节	排放主体	NO_x 排放量	209 欧元/t NO_x	—	—
拉脱维亚	空气污染费	环境部	向空气中排放的 NO_x	直接排放环节	排放主体	NO_x 排放量	85.37 欧元/t NO_x	资助减少空气污染或资源消耗项目的污染者，可以获得与实施此类项目所需金额相等的费用补贴	专门用于环境保护的投入，由国家环境基金（获得收入的 40%）和地方政府组织的市政环境基金（获得收入的 60%）提供资金

国家	税费	征管部门	征税对象	征税环节	纳税人	计税依据	税率测算	税收优惠	税收使用
立陶宛	空气污染费	环境部	向空气中排放的 NO_x	直接排放环节	排放主体	NO_x排放量	196 欧元/t NO_x	采取污染减排措施，减排量不低于排放上限 5%的免税；使用经认证的生物燃料，对排放不超过污染防治许可证或污染许可证规定限额的固定源免税	30%的收入投入立陶宛环境投资基金，70%用于市政环境支持计划（市政基金）。两者都支持（资助）各种环境项目，从空气和水环境保护、污染治理与修复到公众意识提高和生态教育
挪威	氮氧化物排放税	财政部	向空气中排放的 NO_x	直接排放环节	排放主体	NO_x排放量	2 430 欧元/t NO_x	对与国外往来的一些交通工具产生的氮氧化物免税	—
波兰	空气污染费	气候部	向空气中排放的 NO_x	直接排放环节	排放主体	NO_x排放量	130.2 欧元/t NO_x	如果所有费用/收费（空气、废物）的年度总额小于或等于 800 PLN，则免税	20%归市政府、10%归县政府、46%归省级生态基金、24%归国家生态基金。均用于环境保护和水环境管理

国家	税费	征管部门	征税对象	征税环节	纳税人	计税依据	税率测算	税收优惠	税收使用
西班牙	空气排放费——瓦伦西亚	农业、食品、环境部	向空气中排放的 NO_x	直接排放环节	排放主体	NO_x 排放量	依排放吨数按标准征税	对太阳能或风能作为主要能源装置或以生物质或沼气作为主要燃料的电厂免税	收入专门用于保护和改善环境，按照瓦伦西亚年度预算法规定执行
美国	缅因州——年度空气排放许可证费	缅因州——环境保护局	每年许可排放 1～1 000 t 的 NO_x	直接排放环节	排放主体	NO_x 排放量	4.154 2 欧元/t NO_x	—	全部用于空气污染控制
			每年许可排放 1 001～40 000 t 的 NO_x	直接排放环节	排放主体	NO_x 排放量	8.308 5 欧元/t NO_x	—	
			每年许可排放超过 4 000 t 的 NO_x	直接排放环节	排放主体	NO_x 排放量	12.462 7 欧元/t NO_x	—	
			排放的 NO_x——附加费	直接排放环节	排放主体	NO_x 排放量	1.661 7 欧元/t NO_x	—	
爱尔兰	车辆登记税——氮氧化物附加费	税务局	向空气中排放的 NO_x	车辆登记环节	车辆登记主体	NO_x 排放量	$<$4 850 欧元/辆（重油） $<$600 欧元/辆（其他）	对用于政府、公益和公共活动的车辆免税	—

从税收优惠政策上看，主要是面向污染排放量小的单位和经过政府特别批准的行业或活动。例如，瑞典对发电量在 25 GW·h 以下的燃煤电厂实行减税；加拿大对持有某些特殊批准许可证的企业免税。

从税收使用上看，对于氮氧化物税的税收大部分国家用于各种环境保护活动，如加拿大、捷克、爱沙尼亚等，小部分国家如瑞典除弥补征收成本外，剩余部分按发电厂发电量占总能量输出中的份额返还给发电厂。

2.1.3 水污染类相关税费

由于水污染物主要来自废水，包括工业废水、生活污水和农业废水，因而许多国家对废（污）水排放征收水污染税。从征收形式上看，主要分为三类：第一类是直接对废（污）水排放量进行征税，税率根据废水排放量来确定，征收范围可以分为生活污水及工业废水排放，通常工业废水排放的税率要高于生活污水排放的税率，如韩国等；第二类是对废水中污染物含量进行征税，税率以废水中的“污染单位”为基准，根据排放物质的耗氧量和重金属等污染物质的含量来确定，如澳大利亚、加拿大等；第三类是根据废水污染物的数量和浓度折算成污染当量征税，如比利时等。详情见表 2-4。

从征管部门上看，加拿大、爱沙尼亚、芬兰、韩国等国家是通过环境部来征收水污染相关税费，丹麦、匈牙利等国家是通过税务部或财政部来征收相关税费，澳大利亚首都地区是通过环境与可持续发展局来征收相关税费，奥地利是通过统计局来征收相关税费，希腊是通过环境与能源部来征收相关税费，西班牙是通过农业、食品、环境部来征收相关税费。

表 2-4　OECD 国家水污染类税费税制要素基本情况

国家	税费	征管部门	征税对象	征收环节	纳税人	计税依据	税率测算	税收优惠	税收使用
澳大利亚	环境保护费——澳大利亚首都地区	澳大利亚首都地区——环境与可持续发展局	向水中排放的各种污染物	直接排放环节	排放主体	污水中各污染物含量	对不同污染物实行不同的税率	—	—
奥地利	废水费	统计局	污水排放物	用水环节	排放主体	用水量	58～487 欧元/a	—	—
比利时	粪便税	环境部	造成水污染的粪便	直接排放环节	污染主体	粪便中氮和磷的含量	基于不同来源和不同当量实行不同的税率	—	—
	水污染税——法兰德斯	法兰德斯环境署	污水排放物	直接排放环节	排放主体	污染物的浓度和数量	41.33 欧元/污染当量	对低收入残疾人免税；对拥有独立污水处理系统的家庭免税	全部收入一般用于资助环境保护活动
	废水税——瓦隆	瓦隆大区公共服务部（农业和环境）	污水排放物	直接排放环节	排放主体	污染物的浓度和数量	0.896 8 欧元/m^3 饮用水	对低收入残疾人免税；对拥有独立污水处理系统的家庭免税	—
加拿大	排放费	环境部	污水排放物	直接排放环节	排放主体	废水中各污染物排放量	不同污染物实行不同的税率	对拥有特殊批准许可证的单位免税	全部收入用于资助各种环境保护计划

国家	税费	征管部门	征税对象	征收环节	纳税人	计税依据	税率测算	税收优惠	税收使用
捷克	废水排放费	环境部	排入地下水的废水	直接排放环节	排放主体	按年收费	12.95欧元/a	对未用于浴疗的药用矿泉水	—
			排入地表水的废水	直接排放环节	排放主体	废水中各污染物排放量	对不同污染物实行不同的税率	对不超过污染浓度阈值的特类废水免税	全部投入国家环境基金，支持建设水管理基础设施和实验室，以及支持许可监测水源质量和浓度的主体退款
丹麦	废水费	税务部	造成水污染的人造肥料、农药、粪便等	直接排放环节	污染主体	废水中氮、磷、部分有机物的含量	对不同污染源实行不同的税率	对大部分农民、园丁免税；对外交官免税；对进出口免税	全部用于市政污水处理
爱沙尼亚	水污染费	环境部	企业排放的废水	直接排放环节	排放企业	废水中单酚类等污染物的含量	0.5～3.42欧元/m^3	—	—
			家庭排放的污水	直接排放环节	排放家庭	废水中单酚类等污染物的含量	0.5～2.07欧元/m^3	—	—

国家	税费	征管部门	征税对象	征收环节	纳税人	计税依据	税率测算	税收优惠	税收使用
芬兰	水保护费	环境部	企业排放的废水	直接排放环节	排放企业	关于废水排放的浓度和数量的许可证	—	—	所有收入用于资助水资源保护，特别是研究
德国	废水税	联邦环境、自然保护、核安全和消费者保护部	排放的废水	直接排放环节	排放主体	废水中含有的毒性	35 欧元/单位毒性	—	所有收入用于资助维持或改善水质的措施
希腊	废水用户费	环境与能源部	市政和工业废水	直接排放环节	排放主体	废水中各污染物排放量		—	—
匈牙利	土壤负载费	财政部	排放到土壤中的废水	直接排放环节	排放主体	废水排放量	3.853 5 欧元/m^3 废水	—	—
爱尔兰	污水费	环境保护部	家庭排放的污水	直接排放环节	排放家庭	污水的收集与处理费用	不同地方实行不同税率	—	—
韩国	污水处理费	环境部	城市污水	直接排放环节	排放主体	污水量	0.18 欧元/t 污水	—	所有收入用于各地方政府的污水处理
西班牙	水污染税——阿拉贡	农业、食品、环境部	排放的废水	直接排放环节	排放主体	废水量排放量	0.49 欧元/m^3	对某些特定活动和装置产生的废水免税	全部收入用于相关法律规定的一般支出以及与水质相关的环境融资

从征税环节上看，澳大利亚、比利时，加拿大、捷克等大部分国家是对废（污）水直接排放环节进行征收税费，奥地利是对用水环节征收废水费。

从税率上看，一部分国家是基于造成水污染的污染物不同而设定不同的税率，如澳大利亚、加拿大、捷克等；一部分国家是按年收取水污染类税费，如奥地利每年对排放主体征收 58～487 欧元的废水费；还有一部分国家是直接按废（污）水的排放当量来设定税率，如爱沙尼亚对企业排放废水每立方米征收水污染费 0.5～3.42 欧元，对家庭排放的污水每立方米征收水污染费 0.5～2.07 欧元。

从税收优惠政策上看，主要是面向污染排放量小的单位和经过政府特别批准的行业或活动。例如，加拿大对拥有特殊批准许可证的单位实施免税政策；捷克对不超过污染浓度阈值的特类废水免税。

从税收使用上看，比利时、加拿大等国家将水污染类税收用于环境保护活动或计划，捷克、丹麦、芬兰、德国等国家规定相关税收只用于水污染处理或水资源保护等方面。

2.1.4 固体废物类相关税费

目前，在污染排放相关税目中单独对固体废物征税的国家并不多，一部分国家对固体废物产生或直接排放环节进行征收税费。在征收目的上看，少数如意大利、美国的明尼苏达州和康涅狄格州等以税收的形式引导和调节固体废物的处理，多数国家如澳大利亚、墨西哥等以收费的方式管控固体废物。

在对固体废物产生和直接排放环节征收税费中，澳大利亚、意大利、墨西哥、美国的部分州对排放的固体废物征税进行单独说明。其中，澳大利亚对固体废物的直接排放环节收费，意大利和墨西哥以及美国的明尼苏达州和康涅狄格州对固体废物产生环节征收税费。详情见表 2-5。

从征管部门上看，澳大利亚是通过地方环境保护局来征收固体废物相关费用，墨西哥通过财政部征收相关费用，美国的明尼苏达州和康涅狄格州通过地方税务局征收相关税费。

从征收标准上看，各国征收标准水平相差不大，只有澳大利亚的标准较高。南澳大利亚州对不同排放区域的固体废物征收不同的税率，其中阿德莱德市区排放的固体废物按每吨 58.47 欧元征收，非大城市排放的固体废物按每吨 29.23 欧元征收。大部分国家都是基于不同生产活动产生的固体废物实行不同的征收标准。例如，墨西哥将固体废物的产生分为 A～N 类，不同活动征收不同的费用。

从税收优惠政策上看，墨西哥规定如果公共商户、公共市场和供应中心有存放城市固体有机废物（特殊处理废物除外）的安排，并同意自行将废物转移到堆肥场中心或经授权的城市固体废物处理中心的，免收垃圾接收费。

从税收使用上看，意大利将税收按一定比例投入区域环保基金、自然保护区的建立与管理等方面，美国则将部分税收计入环境基金。

另一方面，爱沙尼亚、法国、匈牙利、拉脱维亚、立陶宛、新西兰、斯洛伐克、西班牙、美国部分州、以色列等对固体废物处理环节征收废物处理费。详情见表 2-6。

表 2-5　OECD 国家固体废物类相关税费税制要素基本情况

国家	税费	征管部门	征税对象	征收环节	纳税人	计税依据	税率测算	税收优惠	税收使用
澳大利亚	昆士兰州——废物费	昆士兰环境保护局	排放的固体废物	直接排放环节	排放主体	固体废物排放量	23.52 欧元/t 固体废物	—	—
	南澳大利亚州——废物费	南澳环境保护局	排放的固体废物——阿德莱德市区	直接排放环节	排放主体	固体废物排放量	58.47 欧元/t 固体废物	—	—
			排放的固体废物——非大城市	直接排放环节	排放主体	固体废物排放量	29.23 欧元/t 固体废物	—	—
墨西哥	固体废物费	财政部	A～N 类活动产生的固体废物	固体废物产生环节	排放主体	固体废物排放量	根据不同活动产生不同的固体废物设置不同税率	公共商户、公共市场和供应中心有存放城市固体有机废物（特殊处理废物除外）的安排，并同意自行将废物转移到堆肥场中心或经授权的城市固体废物处理中心的，免收垃圾接收费	—

国家	税费	征管部门	征税对象	征收环节	纳税人	计税依据	税率测算	税收优惠	税收使用
美国	康涅狄格州——固体废物税	康涅狄格州税务局	活动产生的固体废物	固体废物产生环节	排放主体	固体废物排放量	1.246 3 欧元/t 固体废物	—	—
	明尼苏达州——固体废物管理税	明尼苏达州税务局	建筑、工业、生活等产生的固体废物	固体废物产生环节	排放主体	固体废物排放量	根据不同活动产生不同的固体废物设置不同税率	—	税收的 70%或 33 760 000 美元（二者取较高者）计入环境基金
意大利	固体废物填埋特别税	经济财政部	采矿、建筑、冶金和采掘活动产生的惰性废物	固体废物产生环节	排放主体	惰性废物排放量	1.03～10.33 欧元/t 惰性废物	—	投入区域环保基金，其中部分（18%）用于减少废物产生；能源和资源的回收（主要支持垃圾填埋场的替代方案）；受污染的土地修复活动；为区域环境保护机构提供资金；自然保护区的建立和管理
			其他生产活动产生的惰性废物	固体废物产生环节	排放主体	惰性废物排放量	1～10 欧元/t 惰性废物	—	
			在没有能量回收的焚化炉中产生的惰性废物	固体废物产生环节	排放主体	惰性废物排放量	0.2～2 欧元/t 惰性废物	—	

国家	税费	征管部门	征税对象	征收环节	纳税人	计税依据	税率测算	税收优惠	税收使用
意大利	固体废物填埋特别税	经济财政部	其他固体废物	固体废物产生环节	排放主体	固体废物排放量	5.17～25.82 欧元/t 固体废物	—	—
			在没有能量回收的焚化炉中产生的其他固体废物	固体废物产生环节	排放主体	固体废物排放量	1.03～5.16 欧元/t 固体废物	—	
			采矿、建筑、大理石墓碑、冶金和提取活动产生的其他固体废物	固体废物产生环节	排放主体	固体废物排放量	0.21～2.07 欧元/t 固体废物	—	

表 2-6　OECD 国家废物处理类税制要素基本情况

国家	税费	征管部门	征税对象	征收环节	纳税人	计税依据	税率测算	税收优惠	税收管理
法国	污染活动一般类税	可持续发展和能源部	填埋或焚烧的废物	废物填埋或焚烧环节	排放主体	填埋或焚烧的废物质量	因垃圾填埋场或焚烧炉的环境质量而异	—	—
	城市垃圾收集/处理费	环境部	城市垃圾	废物收集/处理环节	排放主体	垃圾收集量	因城市而异	—	—
爱沙尼亚	废物处理费	环境部	各种活动产生的废物	固体废物处理环节	排放主体	各种废物处理量	根据不同活动产生的不同废物设定不同的税率	—	部分税收指定用途，自 2019 年起提取处理费收入用于资源再生、保护环境和通过环境投资中心修复环境
	废物处理违规费	环境部	各种活动未经许可或超出允许范围产生的废物	固体废物处理环节	排放主体	各种废物的当量	根据不同活动产生的不同废物设定不同的税率	—	—

国家	税费	征管部门	征税对象	征收环节	纳税人	计税依据	税率测算	税收优惠	税收管理
匈牙利	废物处理费	财政部	工业活动产生的废物	固体废物处理环节	排放主体	废物处理量	8.76～15.8 欧元/t 废物	—	所有税收用于垃圾收集公司的融资
立陶宛	废物处理违规费	环境部	不遵守废物处理法规——Ⅰ～Ⅴ类	固体废物处理环节	排放主体	废物处理量	根据不同类型的违规行为设置不同的税费	—	所有税收指定纳入国家自然保护基金。主要用于损害补偿，环境实体的设计，增加自然资源
拉脱维亚	废物处理费	环境部	危险废物和被视为危险废物的生产废物	固体废物处理环节	排放主体	废物处理量	50 欧元/t 废物	—	由国家环境基金获得收入的 40%，地方政府组织的市政环境基金获得收入的 60%，为环境保护活动提供资金
			不被视为危险废物的城市废物和生产废物	固体废物处理环节	排放主体	废物处理量	35 欧元/t 废物	—	
	废物处理违规费	环境部	超过允许排放限值或违规排放的废物	固体废物处理环节	排放主体	废物处理量	—	—	
斯洛伐克	废物处理费	环境部	排放的各种废物	固体废物处理环节	排放主体	废物处理量	税率由各市单独设定	—	—

国家	税费	征管部门	征税对象	征收环节	纳税人	计税依据	税率测算	税收优惠	税收管理
西班牙	拉里奥哈——垃圾填埋场废物处理税	农业、食品、环境部	危险废物的处理	固体废物处理环节	排放主体	废物处理量	21 欧元/t 危险废物	属于国家、自治区或地方当局管理的生活垃圾免税；对在极端情况或灾难的情况下，当局下令存放的废物免税等	至少 50%的收入必须用于处理选择性收集的生物废物或减少垃圾数量
			非危险废物的处理	固体废物处理环节	排放主体	废物处理量	12 欧元/t 非危险废物		
			来自废物处理厂的不可回收废物的处理	固体废物处理环节	排放主体	废物处理量	4 欧元/t 不可回收废物		
新西兰	废物处理费	环境部	排放的废物	固体废物处理环节	排放主体	废物处理量	6.293 2 欧元/t 废物	—	50%用于资助地方政府建立和维护废物管理系统
以色列	填埋税	环境保护部	干固体废物填埋	固体废物填埋环节	填埋主体	干固体废物排放量	0.941 6 欧元/t 干固废	—	—
			混合城市固体废物填埋	固体废物填埋环节	填埋主体	固体废物排放量	11.769 6 欧元/t 固体废物	—	—

国家	税费	征管部门	征税对象	征收环节	纳税人	计税依据	税率测算	税收优惠	税收管理
美国	路易斯安那州——危险废物处置税	路易斯安那州税务局	极端危险废物	固体废物处理环节	排放主体	废物处理量	90.403 7 欧元/t 危险废物	—	—
			路易斯安那州处理的危险废物——产生和处理地点不一致	固体废物处理环节	排放主体	废物处理量	36.161 5 欧元/t 危险废物	—	—
			路易斯安那州处理的危险废物——产生和处理地点一致	固体废物处理环节	排放主体	废物处理量	27.121 1 欧元/t 危险废物	—	—
	密西西比州——废物处理费	密西西比州税务局	危险废物处置——填埋	固体废物处理环节	排放主体	废物处理量	8.308 5 欧元/t 危险废物	—	—
			危险废物处置——国家产生和回收的废物	固体废物处理环节	排放主体	废物处理量	0.830 8 欧元/t 危险废物	—	—

国家	税费	征管部门	征税对象	征收环节	纳税人	计税依据	税率测算	税收优惠	税收管理
美国	密西西比州——废物处理费	密西西比州税务局	危险废物处置——国家产生和处理的废物	固体废物处理环节	排放主体	废物处理量	1.661 7 欧元/t 危险废物	—	—
			无害固体废物处理	固体废物处理环节	排放主体	无害固体废物处理量	0.803 8 欧元/t 固体废物	—	—
	印第安纳州——固体废物管理费	印第安纳州税务局	州内产生的处置到垃圾填埋场或焚化炉中的固体废物	固体废物处理环节	排放主体	固体废物排放量	0.415 4 欧元/t 固体废物	—	—
			州外产生的处置到垃圾填埋场或焚化炉中的固体废物	固体废物处理环节	排放主体	固体废物排放量	至少 0.415 4 欧元/t 固体废物	—	—
	加利福尼亚州——综合废物管理费	加利福尼亚州平等委员会	固体废物填埋	固体废物处理环节	排放主体	固体废物排放量	1.16 欧元/t 固体废物	—	所有收入归入垃圾填埋场相关环境计划的综合废物管理账户

从征管部门上看，爱沙尼亚、拉脱维亚、斯洛伐克、新西兰等国家是通过环境部来征收废物处理相关税费，匈牙利、美国部分州等是通过财政部或地方税务局来征收相关税费，法国的污染活动一般税费是通过可持续发展和能源部来征收。

从征收环节上看，爱沙尼亚、匈牙利等大部分国家以及美国部分州对固体废物处理环节征收废物处理相关税费。

从征收标准上看，大部分国家都依据处理废物量来征收废物处理费，如匈牙利对工业活动产生的废物按 8.76～15.8 欧元/t 征收，还有一部分国家是将废物分为危险废物和非危险废物实行不同的收费措施，如拉脱维亚对于危险废物和被视为危险废物的生产废物按 50 欧元/t 征收，对于不被视为危险废物的城市废物和生产废物按 35 欧元/t 征收。还有一小部分国家是按每年或单个用户来征收废物处理费。

从税收优惠政策上看，各国对废物处理费的税收优惠政策并不多，西班牙规定了属于国家、自治区或地方当局管理的生活垃圾和在极端情况或灾难的情况下，当局下令存放的废物免税等。

从税收管理上看，西班牙、新西兰、匈牙利等国家将部分或全部税收为废物处理活动提供资金支持，爱沙尼亚、拉脱维亚、立陶宛等国家将大部分收入用于环境保护和生态修复。

2.1.5 噪声类税费

目前，澳大利亚、芬兰、法国、德国、匈牙利、意大利、日本、韩国、荷兰、瑞典、瑞士、土耳其等对噪声征税。这些国家大多仅限于对飞机产生的噪声征税，尤其是对飞机着陆时的噪声征税。只有匈牙利是对超过现行噪声设定限值的机构征收噪声税。详情见表 2-7。

表 2-7　OECD 国家噪声税税制要素基本情况

国家	税费	征管部门	征税对象	征收环节	纳税人	计税依据	税率测算	税收优惠	税收使用
澳大利亚	飞机噪声税	基础设施和运输部	飞机着陆产生的噪声	飞机着陆环节	航空公司	噪声等级	基于噪声等级评估税率	—	所有征税收入用于机场附近的噪声改善措施
芬兰	飞机交通服务费	环境部	飞机产生的噪声	飞机运行整个环节	航空公司	噪声等级	基于飞机噪声率等级设置不同的税率	—	所有税收用于保障航空安全
法国	航空噪声污染税	可持续发展和能源部	飞机产生的噪声	飞机运行整个环节	航空公司	飞机起飞时的最大质量	—	对最大起飞质量小于 2 t 的飞机免税；对国家飞机或参与民防消防任务的飞机免税	所有税收纳入用于附近房屋隔音的基金
德国	飞机噪声费	联邦环境、自然保护、核安全和消费者保护部	飞机着陆产生的噪声	飞机着陆环节	航空公司	噪声等级	税率因机场而异	—	—
匈牙利	减噪费	财政部	超过现行噪声限值的机构	飞机运行整个环节	相关机构	噪声等级	复杂的计算公式	—	—

国家	税费	征管部门	征税对象	征收环节	纳税人	计税依据	税率测算	税收优惠	税收使用
韩国	与噪声有关的着陆费	国土交通省	飞机着陆产生的噪声	飞机着陆环节	航空公司	噪声等级	—	—	—
荷兰	航空噪声税	财政部	飞机产生的噪声	飞机运行整个环节	航空公司	噪声等级	95.75 欧元/dB	对质量小于 390 kg 的所有飞机、质量小于 6 000 kg 的螺旋桨飞机，同时在机场周边隔音工程已完成的机场降落的给予免税	所有税收用于机场周围房屋隔音和其他建筑物的隔音
意大利	飞机噪声税	经济财政部	飞机起飞和着陆产生的噪声——第一类	飞机着陆和起飞环节	航空公司	飞机质量	0～25 t：0.25 欧元/t 25 t 以上：每多 1 t 多征收 0.33 欧元	对与健康和紧急服务相关的航班免税；对军队飞机免税；对国家政府的飞机免税	所有税收交给地区环境当局，以补贴和补偿机场附近的市政当局和公民
			飞机起飞和着陆产生的噪声——第二类	飞机着陆和起飞环节	航空公司	飞机质量	0～25：0.19 欧元/t；25 t 以上：每多 1 t 多征收 0.24 欧元	—	—
			飞机起飞和着陆产生的噪声——第三类	飞机着陆和起飞环节	航空公司	飞机质量	0～25 t：0.06 欧元/t；25 t 以上：每多 1 t 多征收 0.08 欧元	—	—

国家	税费	征管部门	征税对象	征收环节	纳税人	计税依据	税率测算	税收优惠	税收使用
日本	飞机噪声费	环境省	飞机着陆产生的噪声	飞机着陆环节	航空公司	噪声等级	因机场而异	—	该项税收的主要目的是融资
瑞典	与噪声有关的飞机着陆费	民航局	飞机着陆产生的噪声	飞机着陆环节	航空公司	噪声等级	针对每种类型的飞机单独设置税率	对质量小于9 t的飞机免税	所有税收用于与降噪相关的措施，如对靠近机场的房屋进行隔音和其他降噪措施
瑞士	与噪声有关的飞机着陆费	苏黎世国际机场	白天使用噪声等级为I的喷气式飞机着陆	飞机着陆环节	航空公司	噪声等级	针对不同噪声等级的飞机设置不同税率	对噪声水平低于国际民航组织规定的限值5d B以上的飞机免税	所有税收用于为居民的噪声整治和补偿付款提供资金
土耳其	飞机噪声费	环境部	飞行活动产生的噪声	飞机运行整个环节	航空公司	噪声等级	按客票价格的0.5%和每吨运输货物的固定费率设置税率	—	所有税收投入到环境污染预防基金中

从管收部门上看，芬兰，日本、土耳其等国家是通过环境部或环境省来征收噪声税费，匈牙利、意大利、荷兰等国家是通过财政部或经济财政部来征收相关税费，其他国家是通过其他部门来征收相关税费，如澳大利亚基础设施和运输部，法国可持续发展和能源部，德国联邦环境、自然保护、核安全和消费者保护部，韩国国土交通省，瑞典民航局，瑞士苏黎世国际机场等。

从征收环节上看，澳大利亚、德国、日本、韩国、瑞典、瑞士等国家是对飞机着陆环节征收噪声税费，意大利是对飞机着陆和起飞环节征收相关税费，芬兰、法国、匈牙利等国家是通过对飞机运行整个环节征收相关税费。

从税率上看，各国对噪声的征税都是基于复杂的计算公式得出的，可分为三类，第一类是单纯地根据噪声等级进行征税，如澳大利亚、芬兰等；第二类是根据飞机的不同（主要是质量）进行征税，如意大利；第三类是根据机场的不同（主要是噪声等级）进行征税，如日本。

各国的税收优惠政策不同，主要是面向产生噪声小的飞机、隔音效果好的机场和一些规定用途的飞机。例如，法国对最大起飞质量小于 2 t 的飞机免税，对国家飞机或参与民防、消防任务的飞机免税；荷兰对质量小于 390 kg 的所有飞机、质量小于 6 000 kg 的螺旋桨飞机，同时在机场周边隔音工程已完成的机场降落给予免税。

在税收使用上，澳大利亚、荷兰等国家将噪声税税收用于建设隔音装置等工作，意大利、瑞士等国家将部分税收用于对受到噪声干扰的居民提供补偿，芬兰将税收用于保障航空安全，土耳其将所有税收投入到环境污染预防基金中。

2.2 碳税国际进展

2.2.1 总体情况

碳交易和碳税是国际上为应对气候变化而广为应用的重要经济手段。根据世界银行发布的报告，截至 2021 年 4 月 1 日，全球超过 35 个国家或地区已实施或计划实施碳税，覆盖了全球 35%的温室气体排放。同时，已有英国、法国、日本、加拿大等 15 个国家和地区同时实施碳税与碳交易两种政策手段。国际上碳税的实践可分为 3 个阶段（图 2-1）。

单一碳税探索阶段（1990—2004 年）：1990 年，芬兰率先尝试开征碳税，征税范围定为矿物燃料，计税依据是含碳量，初始税率仅定为 1.2 美元/t CO_2。之后，波兰、荷兰、挪威、瑞典等欧洲国家纷纷开始尝试建立碳税制度。在此阶段，碳税是这些国家的主要减排手段，且碳税的初始税率设置都较低，属于单一碳税探索阶段。

碳税与碳交易协调发展阶段（2005—2015 年）：2005 年，世界上首个碳排放权交易体系——欧盟碳排放权交易体系（EU ETS）正式建立。国际上对碳税和碳排放权交易两种减排机制的研究日益成熟，芬兰、丹麦、挪威、瑞士等欧洲国家开始探索碳税和碳排放权交易两种减排制度协调配合应用的新模式。如 2008 年，丹麦和挪威政府都决定免除纳入欧盟碳排放权交易体系企业的碳税业务，以此保证碳税和碳排放权交易两种减排手段更好地协调。在此阶段，碳税还主要是在欧洲施行。

碳税逐渐全球化阶段（2016 年至今）：2016 年，《巴黎协定》签订，全球在应对气候变化上逐渐达成共识，各缔约方纷纷采取各种减排手段以实现全球温控目标。在此阶段，碳税这种减排手段不仅仅局限于欧洲国家，哥伦比亚、加拿大、智利、新加坡、阿根廷、南非等美洲、亚洲甚至是非洲国家也开始建立碳税制度，碳税逐渐走向全球化阶段。

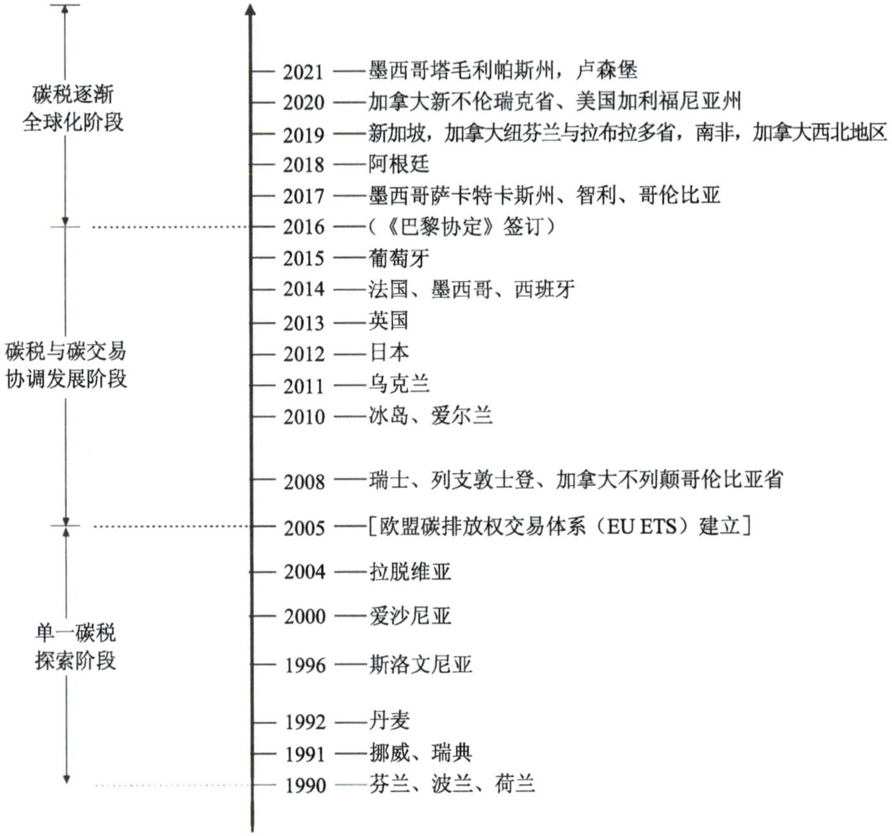

图 2-1　国际碳税发展历程

2.2.2　基本税制要素

（1）税制设置

在碳税设置上，各国情况不尽相同。冰岛、加拿大不列颠哥伦比亚省等地将碳税作为独立税种单独征税。日本、荷兰等部分国家将碳税纳入环境税或环境保护税，对排放到空气中的二氧化碳或其他温室气体进行征税。芬兰、瑞典、法国等国家将碳税纳入能源税，针对煤炭、标准气体油、液态石油和天然气等化石燃料根据二氧化碳排放估算量或实际二氧化碳排放量按照固定税率从量计征。

（2）征税范围

从碳税涵盖的温室气体上看，爱沙尼亚、芬兰、法国、墨西哥、英国等国家仅对二氧化碳的排放征税，主要原因是二氧化碳排放占温室气体排放总量的比例大，联合国发布的《2020 排放差距报告》显示，2019 年全球温室气体排放量达到 524 亿 t CO_2 e（不含土地利用变化导致的温室气体排放），其中化石能源使用产生的二氧化碳排放量达到 380 亿 t CO_2 e，占全球温室气体排放当量的 73%。挪威、波兰等国家对所有的温室气体排放征税。另外，西班牙关于碳税的规定是仅对含氟温室气体征税，旨在遏制含氟温室气体的排放。

从碳税涵盖的行业上看，部分国家对所有行业征收碳税，但一些行业会存在部分豁免情况，例如，冰岛碳税覆盖所有行业，但工业、电力和航空行业有部分豁免；日本碳税也覆盖所有行业，但工业、电力、交通、农业和林业行业有部分豁免。其他部分国家主要对工业、电力、建筑和运输行业征收碳税，但仍存在部分豁免情况。例如，法国碳税主要覆盖工业、建筑、运输行业，在一些部门存在豁免情况。（表 2-8）

（3）征税对象和环节

从征税对象上看，绝大部分国家是对能够产生二氧化碳等温室气体的燃料，如煤炭、石油、天然气等化石燃料征税。其中，丹麦、法国、爱尔兰、英国、瑞典等国家对所有化石燃料征税；波兰、新加坡等国家不仅对所有化石燃料征税，还对导致温室气体排放的燃料征收碳税；还

表 2-8　国际碳税税制要素基本情况

序号	国家/地区	起征年份	征税范围（主要涵盖的行业和温室气体）	征税对象（化石燃料/设施）	纳税人	计税依据	税率/（美元/t CO_2e）	税收优惠/豁免
1	丹麦	1992	建筑和运输行业的温室气体排放	所有化石燃料	涵盖化石燃料的分销商和进出口商	含碳量	28.1	1. 对 EU ETS 涵盖的运营商免征碳税，区域供热和垃圾焚烧厂除外。 2. 对某（能源密集型）行业，如国际航空和国际航运、燃料的出口、运输方（火车、航运）以及电力和热力生产部门免征碳税
2	爱沙尼亚	2000	工业和电力行业的二氧化碳排放	所有产生热能的化石燃料	涵盖化石燃料的用户	含碳量	2.3	—
3	芬兰	1990	工业、运输、建筑行业的二氧化碳排放	除泥炭外的所有化石燃料	涵盖化石燃料的所有分销商和进口商	含碳量	62.3	1. 对用于电力生产、商业航空和商业游艇的燃料使用和泥炭免征碳税。 2. 对某些行业和燃料使用（部分）免征碳税，如炼油厂和热电联产的燃料使用或在工业过程中使用煤炭和天然气作为原材料的
4	法国	2014	工业、建筑、运输行业的二氧化碳排放	所有化石燃料	涵盖化石燃料的所有分销商和进口商	含碳量	52.4	1. 对 EU ETS 涵盖的运营商免税。 2. 对某些工业过程（非燃烧用途）、电力生产、航运、航空、公共交通和货运（部分）免征碳税

序号	国家/地区	起征年份	征税范围（主要涵盖的行业和温室气体）	征税对象（化石燃料/设施）	纳税人	计税依据	税率/（美元/t CO_2e）	税收优惠/豁免
5	冰岛	2010	所有行业的温室气体排放	液体和气体化石燃料	涵盖化石燃料的所有生产商和进口商	含碳量	34.8	1. 对 EU ETS 涵盖的运营商免征碳税。 2. 对航空燃料免征碳税
6	爱尔兰	2010	未被 EU ETS 覆盖行业的二氧化碳排放	所有化石燃料	涵盖化石燃料的所有生产商和进口商	含碳量	39.3	1. 对 EU ETS 涵盖的运营商部分免征碳税。 2. 对某些工业过程、燃料的出口、电力生产、航运和航空（部分）免征碳税
7	日本	2012	所有行业的二氧化碳排放	所有化石燃料	涵盖化石燃料的所有生产商	含碳量	2.6	工业、电力、交通、农业和林业部门对化石燃料的某些用途免征碳税
8	拉脱维亚	2004	未被 EU ETS 覆盖行业的二氧化碳排放	除泥炭外的所有化石燃料	涵盖化石燃料的所有分销商和进口商	含碳量	14.1	对 EU ETS 覆盖的运营商免征碳税
9	列支敦士登	2008	工业、电力、建筑和运输行业的二氧化碳排放	所有化石燃料	涵盖化石燃料的所有分销商和进口商	含碳量	101.5	1. 对 EU ETS 涵盖的运营商免征碳税。 2. 对高碳税负担和竞争力强的行业的运营商也可以免征碳税，前提是这些公司承诺到 2020 年减少特定数量的温室气体排放。 3. 运输燃料进口商部分免征碳税，但需要抵消相关的二氧化碳排放
10	卢森堡	2021	供暖和运输过程中的二氧化碳排放	用于供暖和运输的化石燃料	涵盖化石燃料的所有分销商和进口商	含碳量	23.5～40.1	—

序号	国家/地区	起征年份	征税范围（主要涵盖的行业和温室气体）	征税对象（化石燃料/设施）	纳税人	计税依据	税率/（美元/t CO_2e）	税收优惠/豁免
11	墨西哥	2014	电力、工业、公路运输、航空、航运、建筑、林业、农业部门的二氧化碳排放	除天然气外的所有化石燃料	涵盖化石燃料的所有生产商和进口商	含碳量	0.4～3.2	税收上限为燃料销售价格的 3%
12	墨西哥萨卡特卡斯州	2017	所有行业的温室气体排放	所有化石燃料	固定来源和设施的经营者	含碳量	10	—
13	墨西哥北下加利福尼亚州	2020	所有行业的二氧化碳排放	所有液体化石燃料	涵盖化石燃料的卖方	含碳量	8	—
14	墨西哥塔毛利帕斯州	2021	所有行业的温室气体排放	所有化石燃料	每月排放超过 25t CO_2e 的固定源和设施的运营商	实际排放	13	对于每个受监管实体，每月排放的前 25 t CO_2e 免征碳税
15	荷兰	2021	工业的二氧化碳排放	所有化石燃料	涵盖化石燃料的运营商	实际排放	35.2	—

序号	国家/地区	起征年份	征税范围（主要涵盖的行业和温室气体）	征税对象（化石燃料/设施）	纳税人	计税依据	税率/（美元/t CO_2e）	税收优惠/豁免
16	挪威	1991	所有行业的温室气体排放	液体和气体化石燃料	涵盖化石燃料的所有分销商和进口商	含碳量	3.9～69.3	1. 对 EU ETS 涵盖的运营商免征碳税，但海上石油生产活动除外。 2. 对某些部门出于某些目的使用化石燃料（部分）免征碳税，包括国际航空和国际航运、燃料的出口以及生物燃料在矿物油中的份额
17	波兰	1990	所有行业的温室气体排放	所有导致温室气体排放的燃料	涵盖化石燃料的用户	含碳量	0.1	1. 对 EU ETS 所涵盖的运营商免征碳税。 2. 对环境保护法规定应缴税额低于 800 PLN 的实体免征碳税
18	葡萄牙	2015	工业、建筑和运输部门的二氧化碳排放	所有化石燃料	涵盖化石燃料的所有分销商和进口商	含碳量	28.2	对某些工业过程（特别是非燃烧用途）和运输方式以及弱势消费者（部分）免征碳税
19	新加坡	2019	工业、电力部门的温室气体排放	所有导致温室气体排放的燃料	涵盖化石燃料的运营商	含碳量	3.7	对某些燃料用途免征碳税，如生物质燃烧以及制冷设备的非制造用途
20	斯洛文尼亚	1996	建筑、运输部门的温室气体排放	天然气和所有固体、液体化石燃料	涵盖化石燃料的所有分销商和进口商	含碳量	20.3	1. 对 EU ETS 涵盖的运营商被视为有碳泄漏风险和/或能源密集型的免征碳税。 2. 对某些（能源密集型）行业燃料的出口、航空和电力生产免征碳税
21	南非	2019	工业、电力、建筑和运输部门的温室气体排放	所有化石燃料	涵盖化石燃料的用户	含碳量	9.2	1. 许多部门适用 60%～95%的免征碳税。免征碳税水平取决于是否存在无组织排放、贸易风险水平、排放绩效、抵消使用和参与碳预算计划。 2. 对住宅、公众交通免征碳税

序号	国家/地区	起征年份	征税范围（主要涵盖的行业和温室气体）	征税对象（化石燃料/设施）	纳税人	计税依据	税率/（美元/t CO_2e）	税收优惠/豁免
22	西班牙	2014	所有行业的含氟温室气体排放	能产生含氟温室气体的燃料	现有设备中消耗含氟气体或再充填含氟气体的实体	实际排放	17.6	1. 对某些部门和/或出于某些目的使用含氟温室气体（部分）免征碳税，包括所涵盖的含氟气体的出口、用于化学过程和新设备（药物），以及全球增温潜势低于 150 L 的含氟气体。 2. 在新设备或装置中首次安装含氟气体的免征碳税
23	瑞典	1991	运输和建筑行业的二氧化碳排放	所有化石燃料	涵盖化石燃料的所有分销商和进口商	含碳量	137.2	1. 对 EU ETS 涵盖的运营商免征碳税，用于生产非制造用途的化石燃料除外。 2. 对某些行业、燃料的出口、运输（火车、航运、航空）、电力生产、林业和农业（部分）免征碳税
24	瑞士	2008	工业、电力、建筑、运输行业的二氧化碳排放	所有化石燃料	涵盖化石燃料的所有分销商和进口商	含碳量	101.5	1. 对 EU ETS 涵盖的运营商免征碳税。 2. 对碳税负担和竞争力较高行业的运营商也可以免征碳税，前提是企业承诺到 2020 年减少特定数量的温室气体排放。 3. 对大型化石燃料电厂和运输燃料的进口商免征碳税，但需要抵消相关的二氧化碳排放（参见抵消的使用）
25	乌克兰	2011	工业、电力和建筑行业的二氧化碳排放	所有化石燃料	涵盖化石燃料的用户	含碳量	0.4	—

序号	国家/地区	起征年份	征税范围（主要涵盖的行业和温室气体）	征税对象（化石燃料/设施）	纳税人	计税依据	税率/（美元/t CO_2e）	税收优惠/豁免
26	英国	2013	电力行业的二氧化碳排放	所有化石燃料	涵盖化石燃料的所有分销商和进口商	含碳量	24.8	1. 对小型发电机、备用发电机和电力生产免征碳税。 2. 高效的热电联产（CHP）厂产生的电力消耗也被豁免，而低效的 CHP 则部分豁免
27	阿根廷	2018	所有行业的二氧化碳排放	所有液体燃料和煤炭	涵盖化石燃料的所有生产商、分销商和进口商	含碳量	5.5	对某些部门和出于某些目的使用化石燃料（部分）免征碳税，包括国际航空和国际航运、燃料的出口、液体燃料中的生物燃料和化石燃料作为化学过程的原料
28	加拿大爱德华王子岛	2019	所有行业的温室气体排放	所有化石燃料	涵盖化石燃料的所有生产商、分销商和进口商	含碳量	23.9	对农民、渔民、水产养殖者、国际航空和航运使用的燃料，以及联邦基于产出的碳定价体系（OBPS）使用的燃料免征碳税
29	加拿大不列颠哥伦比亚省	2008	所有行业的温室气体排放	所有化石燃料	涵盖化石燃料的所有生产商和进口商	含碳量	35.8	对出口燃料、加拿大不列颠哥伦比亚省以外的航空和航运的燃料消耗以及农民购买的有色汽油和有色柴油免征碳税
30	加拿大纽芬兰与拉布拉多省	2019	所有行业的温室气体排放	所有化石燃料	涵盖化石燃料的所有生产商、分销商和进口商	含碳量	24	对工业、农业和运输中化石燃料的某些用途免征碳税

序号	国家/地区	起征年份	征税范围（主要涵盖的行业和温室气体）	征税对象（化石燃料/设施）	纳税人	计税依据	税率/（美元/t CO_2e）	税收优惠/豁免
31	加拿大西北地区	2019	所有行业的二氧化碳排放	所有化石燃料	涵盖化石燃料的所有生产商、分销商和进口商	含碳量	24	1. 对运送到西北地区以外的燃料免征碳税。 2. 对航空燃料和不可销售的天然气免征碳税
32	加拿大新不伦瑞克省	2020	所有行业的温室气体排放	所有化石燃料	涵盖化石燃料的所有生产商、分销商和进口商	含碳量	32	轻燃料油和丙烷的某些用途被豁免，特别是用于家庭取暖
33	智利	2017	电力和工业部门的二氧化碳排放	所有化石燃料	涵盖化石燃料的用户	实际排放	5	—
34	哥伦比亚	2017	所有行业的温室气体排放	用于燃烧的液态和气态化石燃料	涵盖化石燃料的所有卖方和进口商	含碳量	5	对非石化和炼油行业的天然气消费者，以及经认证为碳中和的化石燃料消费者免征碳税

数据来源：世界银行。

有只对部分化石燃料征税的，如挪威碳税只涵盖液体和气体化石燃料，芬兰碳税涵盖除泥炭外的所有化石燃料等。少部分国家是直接对排放二氧化碳等温室气体的经济活动或设施征税，如墨西哥的塔毛利帕斯州对每月排放超过 25 t CO_2 e 温室气体的固定源和设施征收碳税。另外，西班牙碳税仅涵盖含氟温室气体，征税对象就是排放含氟温室气体的设备。直接对排放温室气体的经济活动或设施征税的方法允许可以涵盖化石燃料燃烧以外的活动，但由于要根据温室气体的实际排放而不是根据燃料的碳含量进行征税，其政府还需要建立碳排放监测、报告、核查（MRV）系统。

从征税环节上看，可以按化石燃料的供应链分为上游、中游和下游 3 个环节。上游环节是指化石燃料从生产或进口到进入销售市场的环节，中游环节是指在化石燃料的销售环节，下游环节是指在化石燃料的消费环节。对于根据化石燃料的含碳量征税的国家大多在中上游征税，即在燃料的生产、进口和分销环节征税；对于根据实际碳排放量征税的国家大多在下游征税，即在燃料的消费环节征税[72]。

（4）计税依据

碳税的计税依据无疑是一个国家或者地区开征碳税首先考虑的税制要素之一。目前，碳税的计税依据分为两种：一种是根据化石燃料的含碳量估算化石燃料燃烧时的二氧化碳排放量，另一种是测算化石燃料等燃烧时实际排放的二氧化碳标准煤[73]。根据化石燃料的含碳量估算排放当量的方法在实际操作中显然要比测算化石燃料燃烧时的实际排放当量更简单方便，能避免烦琐的计算，降低征税的成本。但是，按碳含量计税的效果只能凸显在化石燃料消耗量的减少上，而没有促使排放主体升级或购买使用减少二氧化碳排放的技术。从各国开征碳税的实践来看，多数国家都以化石燃料的含碳量作为碳税的计税依据，有资料显示芬兰曾经以二氧化碳的实际排放量作为计税依据，但后来都改为以含碳量作为计税依据[74]。

按照化石燃料的含碳量来估算二氧化碳排放当量的方式主要是根据《IPCC 国家温室气体清单指南》所提供的基准方法，单位化石燃料的 CO_2 估算排放当量 Q 的计算公式为

$$Q = \text{NCV} \times \text{EF} \times \text{OXID} \times K \tag{2-1}$$

式中，NCV —— 净热（net calorific value），即低位发热量，指燃料完全燃烧时放出的全部热量中扣除烟气中水蒸气凝结成水所放出的汽化潜热后的发热量；

EF —— 碳排放因子（carbon emission factor），指化石燃料单位热值的碳排放量；

OXID —— 碳氧化率（oxidation factor），指碳氧化物占碳排放的比率；

K —— 碳转换系数（carbon conversion factor），指碳到二氧化碳的转化系数，取值 44/12。

（5）税率设置

从税率的设定水平上看，一方面，各国碳税税率差异较大，每吨二氧化碳排放 0.1～137.2 美元。瑞典、瑞士等国家税率较高，其中瑞典的碳税税率最高，为 137.2 美元/t CO_2e。而部分国家目前碳税处于较低水平，如南非、日本、波兰等，税率基本在每吨二氧化碳排放 10 美元以下，其中波兰的税率最低，为 0.1 美元/t CO_2e。另一方面，整体来看全球碳税税率较低，大多数国家碳税税率低于 30 美元/t CO_2e（表 2-8）。根据国际货币基金组织预测（2019），为实现 2030 年全球升温 2℃以内的温控目标，碳定价须达到 75 美元/t CO_2e。

从税率制定依据上看，各国主要根据 4 种方法来制定本国的碳税，

分别是碳的社会成本（SCC）法、减排目标法、收入目标法和基准分析法[72]。

1）碳的社会成本法。碳的社会成本法就是指按 SCC 法设定碳税。SCC 是指额外排放 1 t 二氧化碳而导致的全球损害，减少排放会避免损害，因此形成了边际减排效益，即 SCC=MAB。因此，一些国家将碳税税率设定到与 SCC 同等水平，而减少排放的同时不可避免会产生一定的成本，最重要的就是经济方面的损失。在 SCC 法下，政策制定者将碳排放税率设定在边际减排成本（MAC）完全等于边际减排效益（MAB）的水平，如图 2-2 中的 *T**所示。在这一点上，额外的 1 t 二氧化碳减排的成本等于减排的效益。

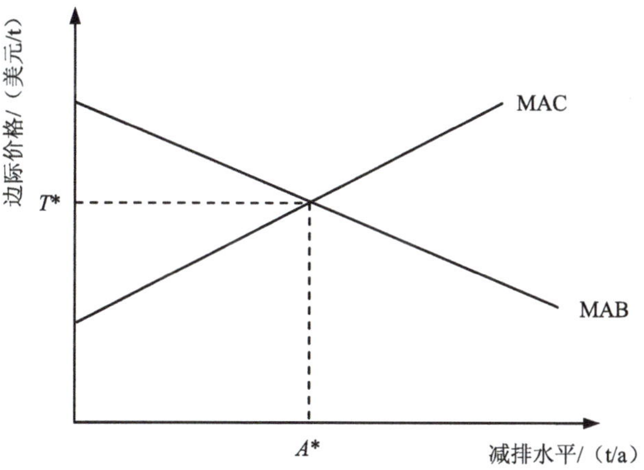

图 2-2　通过 SCC 法制定碳税税率

2）减排目标法。减排目标方法是指选择一个预期与政府减排目标相一致的减排水平的碳税税率。因此，对于寻求满足特定缓解目标的政府来说，这是一个很好的选择。在减排目标法下（图 2-3），最佳税率应该设定为在特定减排水平 A^* 下的减排成本 T^*，这时若减排量低于 A^* 的水平，排放主体需要缴纳的碳税会高于减排的成本，所以排放主体会选择增加减排量，直到达到政府预期的减排水平 T^*。

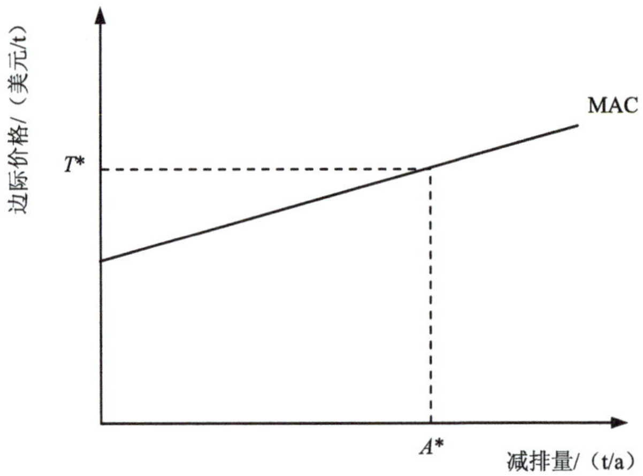

图 2-3　通过减排目标法制定碳税税率

3）收入目标法。收入目标法是指通过征收碳税来产生特定数额的收入。在某些情况下，政府采用碳税，主要是为了提高收入。例如，在智利，碳税背后的主要驱动力之一是为教育改革筹集资金的政策承诺。当政府对一种商品征税时，它会在供求曲线之间寻找最佳点。在图 2-4 中这种效应被描述为生产成本的上升，将供给曲线 S 提升到 S'。税前，排放供给曲线 S 和排放需求曲线 D 在（P，Q）点相交；税后，由于价格提升，原排放供给曲线 S 与排放需求曲线 D 在（P，Q）点相交变为新的排放供给曲线 S' 与排放需求曲线 D 在（P^*，Q^*）点相交。因此，税收收入就是阴影部分的面积，即税率 T 与排放量 Q^* 的乘积。不同的税率会形成不同的阴影面积，追求财政收入的政府可以通过调整税率寻找到最大的阴影面积，即最大的税收收入，该税率即为最佳税率。

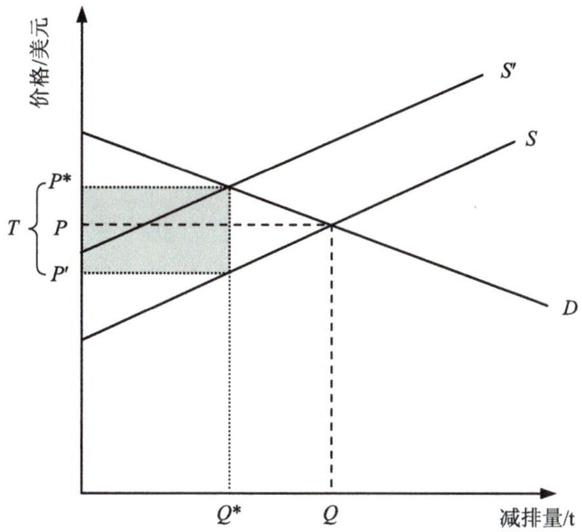

图 2-4　通过收入目标法制定碳税税率

4）基准分析法。基准分析法提供了一种最简单和成本最低的方法来设定碳税税率的选项。基准分析包括简单地分析其他处境类似的国家和国际竞争对手在采用的总体税收设计方面做了什么，特别是他们选择的税率。为确定适合的碳税设计基准，需要综合考虑各国的政治、经济、人口、能源结构等方面与本国的相似性，设定适合本国的碳税税率。例如，葡萄牙和冰岛都通过对比分析欧盟 ETS 碳价格并将这个价格作为决定本国碳税率的因素之一来获得税率。

同时，碳税税率的设计要考虑到本国的国情，具体体现在，首先，对于不同类别的能源，因其含碳量不同适用的税率也有所差别，如挪威对石油、重油、轻油征收的税率有差别；对不同行业、不同部门经济主体的征收税率也不尽相同，工业生产和家庭生活所产生的温室气体所要缴纳的税费也有差别。其次，各国在开征碳税之初多采用相对较低的税率水平，然后再逐步提高，一方面保障了本国企业的国际竞争力，另一方面减小了碳税征收的阻力。如芬兰，1990—1998 年，碳税税率提高了 18 倍[73]。

（6）税收优惠

由于碳税政策的实施会对能源密集型产业产生较大的影响，对于经济发展与国民收入分配产生一定的影响，国际上一些国家为了提高能源密集型产业的竞争力，降低其对企业的影响，在征收碳税的同时推行了一些税收减免措施。一般来说，国际碳税的税收优惠分为以下 3 种类型：

1）对特定行业的优惠。对特定行业或实体的优惠主要有两种情况。一是已经建立碳交易市场的国家通常对被碳排放交易市场覆盖的行业或运营商实行免税或减税，主要是指一些进入 EU ETS 的国家，如丹麦、法国、拉脱维亚、挪威等国家规定对 EU ETS 涵盖的运营商免征碳税；二是对能源密集型行业实行免税或减税，由于征收碳税会影响企业国际竞争力，对能源密集型行业实行减税或免税制度，是国际上为消除碳税对企业国际竞争力影响而采取的常用方法。

2）对特定用途燃料的优惠。如丹麦、爱尔兰、挪威等国家对用于出口的燃料实行免税政策。新加坡规定用于生物质燃烧及制冷设备等非制造用途的燃料免征碳税。

3）对低排放实体实行免税。如墨西哥塔毛利帕斯州对于每月排放的前 25 t CO_2e 的监管实体实行免税；乌克兰规定对年排放低于 500 t CO_2 的实体免征碳税。

（7）税收使用

税收的合理使用对碳税制度的实施至关重要。在不同的国家或地区，由于碳税定位不同，碳税收入的用途也不尽相同[75]。根据国际碳税的实践，碳税收入主要用于以下 3 个方面：

1）项目支持资金。一些国家会把碳税收入用于支持温室气体减排或气候变化适应项目。如墨西哥萨卡特卡斯州规定将大部分碳税税收用于建立气候变化基金。

2）相关税费减免。一些国家或地区征收碳税后，会进行碳税收入的再循环，通过相关税收减免、补贴等方式，将这部分收入返还纳税人。如加拿大不列颠哥伦比亚省将碳税税收用于个人或企业所得税减免；丹麦碳税用于工业企业税收返还以及税收减免。

3）多元化使用。大多数国家或地区都会把碳税收入用于上述用途，但是也有少数国家或地区把碳税收入用于多种用途。如英国将碳税用作社会保险和节能投资补贴，剩余拨付给碳基金；瑞典将碳税收入纳入政府一般账户为养老基金提供支持。

3

环境保护税政策

3.1 进展情况

3.1.1 收入规模持续稳定

根据财政部公布的2021年财政收支情况，2021年环境保护税征收额为203亿元，同比下降1.9%，占同年税收收入的0.1%。自环境保护税开征以来，2018年、2019年、2020年、2021年分别为151亿元[①]、221亿元、207亿元、203亿元，整体收入规模保持稳定（图3-1）。

3.1.2 更新完善排污系数和物料衡算方法

2021年4月28日，生态环境部、财政部、国家税务总局联合印发《关于发布计算环境保护税应税污染物排放量的排污系数和物料衡算方法的公告》（生态环境部　财政部　国家税务总局公告　2021年第16号，以下简称《16号公告》）。《16号公告》就环境保护税应税污

① 2018年为环境保护税开征首年，第四季度税额纳入次年统计，故2018年数据为前三季度征收税额。

染物排放量的计算方法做了进一步完善，提高了环境保护税政策适用的确定性。

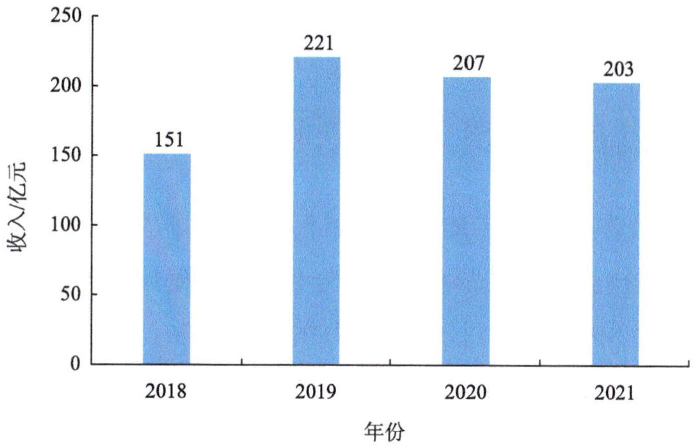

图 3-1　全国环境保护税收入（2018—2021 年）

《16 号公告》重点对属于排污许可管理的排污单位、不属于排污许可管理的排污单位进行了规定。属于排污许可管理的排污单位，适用生态环境部发布的排污许可证申请与核发技术规范中规定的排（产）污系数、物料衡算方法计算应税污染物排放量；排污许可证申请与核发技术规范未规定相关排（产）污系数、物料衡算方法的，适用生态环境部发布的排放源统计调查制度①规定的排（产）污系数方法计算应税污染物排放量。不属于排污许可管理的排污单位，适用生态环境部发布的排放源统计调查制度规定的排（产）污系数方法计算应税污染物排放量。同时，《16 号公告》对上述情形中仍无相关计算方法的，以及排（产）污系数、物料衡算方法的更新应用等进行了相应规定。

① 《16 号公告》以附件的形式给出了最新的排放源统计调查制度排（产）系数清单。

按照《环境保护税法》的规定，由生态环境部发布排（产）污系数、物料衡算方法计算污染物排放量。由于《16 号公告》内容涉及废止《关于发布计算污染物排放量的排污系数和物料衡算方法的公告》（环境保护部公告 2017 年第 81 号）和《财政部 税务总局 生态环境部关于环境保护税有关问题的通知》（财税〔2018〕23 号）部分内容，因此，《16 号公告》由生态环境部、财政部、国家税务总局三部门联合发布。

《16 号公告》进一步加强了与排污许可、排放源统计调查制度的衔接。一是与排污许可的衔接。《16 号公告》明确属于排污许可管理的排污单位，适用排污许可技术规范有关计算方法。目前排污许可管理已经实现了全覆盖，273.44 万个固定污染源全部纳入排污许可管理范围，其中，核发排污许可证 33.77 万张，对应发证但暂不具备条件的 3.15 万家固定污染源下达排污限期整改通知书，对 236.52 万家污染物排放量很小的固定污染源施行排污登记。环境保护税与排污许可管理采用统一的污染物排放量计算方法，便于数据的衔接、核查和管理。二是与排放源统计调查制度的衔接。《16 号公告》明确不属于排污许可管理的排污单位，适用排放源统计调查制度有关计算方法。一些临时性排放源如建筑工地，一些小型的三产如餐饮、娱乐、服务等行业，不属于排污许可但是属于环境保护税征收范围的，以及个别属于排污许可管理但排污许可技术规范未规定相关排（产）污系数、物料衡算方法的，采用排放源统计调查制度规定的方法。

为贯彻《中华人民共和国环境保护法》《中华人民共和国统计法》等法律法规，落实《排放源统计调查制度》（国统制〔2021〕18 号）要求，规范排放源产排量核算方法，统一产排污系数，2021 年 6 月，生态环境部发布了《关于发布〈排放源统计调查产排污核算方法和系数手册〉

的公告》（生态环境部公告 2021年第24号，以下简称《24号公告》）。《24号公告》发布的《排放源统计调查产排污核算方法和系数手册》内容与《16号公告》附件内容一致。

3.1.3 “十税合一”简化纳税申报

为深入推进税务领域“放管服”改革，优化营商环境，减轻纳税人、缴费人申报负担，国家税务总局发布《关于简并税费申报有关事项的公告》（国家税务总局公告 2021年第9号），决定全面推行财产和行为税合并申报。财产和行为税合并申报，通俗地讲就是“简并申报表，一表报多税”，纳税人在申报多个财产和行为税税种时，不再单独使用分税种申报表，而是在一张纳税申报表上同时申报多个税种。财产和行为税合并申报的税种范围包括城镇土地使用税、房产税、车船税、印花税、耕地占用税、资源税、土地增值税、契税、环境保护税、烟叶税10个税种。对纳税人而言，可简化报送资料、减少申报次数、缩短办税时间。

3.1.4 地方实践进展

（1）地方环境保护税核定征收管理办法更加明确

国家税务总局广东省税务局为了规范环境保护税核定征收管理，根据《环境保护税法》及其实施条例、《中华人民共和国税收征收管理法》等规定，修订了《国家税务总局广东省税务局环境保护税核定征收管理办法》（国家税务总局广东省税务局公告 2021年第1号）。该办法适用于符合《环境保护税法》第十条第四项规定，无法通过监测或排（产）污系数、物料衡算方法计算环境保护税的部分行业纳税人。实行核定征收纳税人的应税污染物种类、数量、应纳税额，根据《环境保护税法》

所附的“应税污染物和当量值表”中的禽畜养殖业、小型企业和第三产业水污染物污染当量值表及《广东省环境保护厅关于发布部分行业环境保护税应税污染物排放量抽样测算特征值系数的公告》（粤环发〔2018〕2 号）核定计算。该法第五条确定了广东省污水排放系数暂按 0.7 执行，国家有新规定按新规定调整。第六条明确了适用本办法的纳税人应填写《财产和行为税税源明细表》和《财产和行为税纳税申报表》有关内容，向主管税务机关如实办理纳税申报。第十一条明确了纳税人对纳税申报的真实性、准确性、完整性负责，并按照《中华人民共和国税收征收管理法》等法律法规规定，妥善保管相关证明材料留存备查。

（2）地方环境保护税释放多重红利

2018—2021 年，上海市排放的应税污染物浓度值低于国家和地方规定的污染物排放标准 30%的企业累计享受减免环境保护税 0.38 亿元，排放浓度值低于国家和地方规定的污染物排放标准 50%的企业累计享受减免环境保护税 2.32 亿元，“清洁生产、绿色发展”正成为越来越多沪上企业的共识；江苏省累计征收环境保护税 147.95 亿元，总量位列全国第一，促使越来越多的企业从“被动减排”走向“主动治污”；累计减免环境保护税 51.43 亿元，落实购置环保设备企业所得税抵免优惠 36.76 亿元，绿色税制的约束和激励作用得到充分发挥；山西省环境保护税纳税人户数从 0.85 万户上升为 1.2 万户，但环境保护税 2018—2021 年分别入库 11.29 亿元、14.18 亿元、12.6 亿元、11.53 亿元。户数增加的同时户均纳税额明显减少，表明企业污染排放量持续下降，环境保护税为山西省带来的绿色效应持续显现。截至 2021 年 11 月底，四川省对 44 种大气、71 种水污染因子，4 类固体废物和超过国家规定标准分贝数的工业噪声展开征收管理，其中，大气污染物征收税额占环境保护税征收总额的九成左右，全省累计减免环境保护税超 10 亿元，享受减免的纳税人户数和企业减免幅度均呈稳中有升趋势，表明污染企业节能减排成效日益彰显；重庆市 5.2 万户次企业累计减免环境保护税达 6.3 亿元。截至 2021 年 9 月底，青海省共识别认定环境保护税纳税人 1347 户，相比征收排污费时增加 822 户，征收环境保护税 3.44 亿元，享受环境保护税减免 179 户，优惠减免 0.87 亿元，增强了青海绿色发展底蕴。截至 2021 年上半年，河南省共受理环境保护税纳税人申报 17 920 户，累计入库税额 33.98 亿元，减免税额 19.69 亿元。河南省主要应税污染物申报排放量大幅下降，其中，应税大气污染物 SO_2 年均下降 15.1%，氮氧化物年均下降 9.3%，环境保护税正向激励效应明显。福建省 2021 年环境保护税入库 2.94 亿元，较 2020 年 3.14 亿元同比下降 6.37%。环境保护税的征收正向引导、反向倒逼高能耗、高污染产业转型升级，显著提升污染防治效果，推进了生态文明建设。

3.2 问题分析

3.2.1 征收额占比较低，对企业的激励约束作用不足

（1）税额标准总体偏低，对企业的引导作用不强。环境保护税税额标准起点偏低，《环境保护税法》规定，大气污染物和水污染物的每污染当量最低税额标准分别为 1.2 元和 1.4 元，该标准是根据 20 世纪 90 年代污染治理成本、物价水平等确定，与当前生态环境治理、经济发展形势有较大差别，急需研究调整税额标准。23 个省（区、市）大气污染物采用较低税额标准，为 1.2～2.4 元，22 个省（区、市）水污染物采用较低税额标准，为 1.2～2.8 元，山西省 2019 年空气优良天数比例列全国排名倒数第五，但大气污染物税额标准仅为每污染当量 1.8 元；吉林、内蒙古等地地表水优良比例较低，但是其水污染物税额标准为每污染当

量 1.4 元，税额标准偏低。宁夏、内蒙古、青海、甘肃、新疆、辽宁、黑龙江、吉林等地的工业增加值排放强度仍居高位，但是税额标准基本在最低限水平。采用最低税额标准削弱了环境保护税的调节作用。2021 年环境保护税收入占全国税收收入比例仅为 0.1%。

（2）差异化优惠政策和税收优惠条件有待进一步完善。企业普遍反映《环境保护税法》仅规定了两档减税优惠，实现超低排放的火电企业最高也只能享受到减半优惠，与企业投入不成正比，缺乏针对性的优惠措施。税收优惠条件比较单一，目前仅针对大气污染物或者水污染物浓度值做出减税优惠规定，缺乏对污染物减量排放的激励。

（3）征税范围有待优化，对企业的约束需强化。部分固体废物纳税种类需要明确，《环境保护税法》只明确了煤矸石、尾矿、危险废物、冶炼渣、粉煤灰、炉渣作为具体征税的固体废物，授权省级人民政府明确“其他固体废物”的具体范围，目前仅重庆市将“其他固体废物”明确为脱硫石膏、磷石膏、赤泥、工业污泥，并征收相应环境保护税。当前脱硫石膏、工业污泥等固体废物产生量大、增速较快，急需推动各省（区、市）进一步明确固体废物的征税范围。噪声环境保护税目前仅对工业企业征收，未考虑建筑、机场等其他重点噪声源。

3.2.2 企业急需技术指导，监督帮扶不到位

（1）部分企业存在漏报现象。一些企业仅重视对应税大气污染物和水污染物的纳税申报，忽视固体废物贮存、处置、综合利用的基础信息申报和噪声源的信息采集申报。个别企业只对主要排放口或者安装自动监测设备的排放口污染物进行申报纳税，未对一般排放口或无组织排放口污染物进行申报纳税。例如，某建材公司 2020 年缴纳环境保护税不到 2 万元，仅包括污水和噪声，颗粒物无组织排放未计算缴

纳环境保护税。

（2）纳税监管需要加强。基层税务部门反映，对企业污染物产生、治理、排放、监测等相关生态环境技术规范了解不够，监管执法存在难度，部门间的联合执法频次不高。

（3）企业普遍反映环境保护税计算方法太复杂、缺乏技术指导和培训。

3.2.3 VOCs 税目不完善，企业监测申报能力待增强

（1）税目有待进一步完善。2016 年《环境保护税法》颁布时，仅纳入苯、甲苯等 18 种有毒有害单项 VOCs 类污染物，未将 VOCs 或非甲烷总烃（NMHC）等综合性指标纳入。某公司 2020 年非甲烷总烃年排放量超过 70 t，该企业仅需对一般性粉尘、氮氧化物、烟尘等污染物纳税千元。

（2）企业 VOCs 监测能力不足。目前生态环境部出台了相关规定，指导将石化、化工、包装印刷、工业涂装等 VOCs 排放重点源纳入重点排污单位名录，并安装烟气排放自动监控设施。但企业监测基础仍然较为薄弱，监测设备和能力不足，监测水平参差不齐，有强制性监测要求的行业覆盖面小。

（3）计量方法不完善，企业难以履行纳税责任。目前税法里的 VOCs 类污染物缺乏排放系数，在没有监测要求的情况下，企业无法进行计算和申报。目前一部分排放标准中以非甲烷总烃表征挥发性有机物，TVOC 指标目前没有通用的监测方法和排放系数，短期难以纳入环境保护税征收范围。

3.2.4 征管机制不健全，企业纳税责任难落实到位

（1）海洋工程类环境保护税征收缺乏征管协作机制。2018 年机构改革后，国家海洋局不再承担海洋工程环境保护管理相关工作，部分地区海洋工程环境保护税的征管协作机制尚不明确。

（2）部分省（区、市）固体废物管理数据尚未实现信息共享。由于部门间的信息共享不足，个别纳税人为了享受减免税，向税务部门申报的综合利用量比向生态环境部门申报的大，违法享受了税收减免。

（3）涉税信息共享平台有待进一步完善。部分数据无法正常传递、传递信息无法正常对账时缺乏沟通解决途径。同时，共享数据来源于多个信息系统，存在各项数据无法匹配和无法直接应用等问题。

（4）线上复核有待进一步加强。《中华人民共和国环境保护税法实施条例》明确规定复核信息应通过涉税信息共享平台传递，部分地方复核工作仍然是线下进行传递。涉税信息共享平台的复核模块搭建存在技术问题，部分省（区、市）无法交换复核信息。

3.3 完善建议

3.3.1 推动完善税制设计，加大对企业的激励约束力度

（1）合理设置最低税额标准。综合考虑经济社会发展水平、污染治理成本等因素，科学设置符合当前和未来一段时期生态环境需要的税额标准。研究税额分档制，建立与 GDP 等经济指标、生态环境质量挂钩机制，使税额标准与经济发展水平、环境质量相适应。

（2）增加减税优惠档位。为激励企业清洁生产、升级改造生产工艺和污染治理设施，加强对超低排放的支持力度，研究增设减税优惠

档位。

（3）拓宽减税优惠条件。研究对污染物减量排放的税收优惠政策，鼓励企业主动削减污染物排放。

（4）扩大征税范围。结合固体废物排污许可制度推进安排，以及大宗工业固体废物名录编制进展，充分考虑各地固体废物产生排放特点，督促相关省（区、市）将产生量大、增速快的固体废物纳入“其他固体废物”名单，推动其综合利用。研究将建筑等其他重点噪声源纳入征税范围。

3.3.2 加强企业培训和对口联络机制，强化对企业监督帮扶

建立联合培训机制。加强对纳税人和基层税务、生态环境部门工作人员的培训力度。重点培训监测方法、应税污染物计量方法、减免税政策、纳税填报、征收管理等内容，提升企业依法纳税能力。建立对口联络机制。选取污染物排放量大、种类多、申报有困难的企业建立对口常态化联络机制，成立工作群，加强日常指导帮扶，组织专家进行政策解读、技术宣讲。

3.3.3 调整 VOCs 污染物税目，完善监测申报配套制度

调整 VOCs 污染物税目。进一步研究论证将 VOCs 等综合性指标纳入环境保护税大气污染物税目的可操作性和框架机制完善，完善监测规范、计量方法等有关技术要求。完善企业监测申报配套制度，制定和完善 VOCs 类污染物监测规范和排放系数，加强企业 VOCs 排放监测要求和能力建设，鼓励 VOCs 治理技术和服务产业发展。

3.3.4 健全税收征管机制，落实企业纳税责任

（1）规范海洋工程环境保护税征管协作机制。加强流域、海域生态环境监督管理局与相应税务部门的征管协作、信息共享，推进海洋工程污染排放、监管等信息共享至涉税信息共享平台。尽快落实海洋油气勘探开发排污许可证制度，实现排污许可与环境保护税有效衔接。鼓励企业建设在线监测系统。

（2）完善涉税信息共享平台建设。加强涉税信息共享平台组织管理，加大平台优化与运维支持力度，持续优化数据接口，提升数据共享与交换的频次及质量。加强对基层涉税信息共享平台建设的指导力度，及时反馈地方提出的技术难点和困难，加强服务保障能力。加强环境保护税复核工作数据模块规范化设计，指导地方做好线上复核工作。

3.3.5 研究开征碳税，助力“双碳”目标实现

本着宏观税负稳定、服务“双碳”目标、政策协调衔接、简便征收管理原则，考虑在环境保护税中设置碳税税目。并对经济社会影响进行充分评估，纳税人范围为排放温室气体的企事业单位，以 CO_2e 作为计税依据，并采用递进式分阶段提高税率，在开征时明确分阶段实施税率表。建议碳税收入专项用于支持碳减排、发展新能源、创新碳吸收等活动，以及给予受影响低收入群体补贴。对于重点纳税大户并采用低碳减排技术降碳减污绩效高的企业应给予一定程度的税收减免优惠。对于免费取得的碳排放权配额予以征收碳税，后期实施有偿分配之后，可以对碳排放交易覆盖的企业给予碳税税收减免，同时设置碳价基线，当碳交易价格低于基线时，相关企业还需以碳税的形式支付差价。

4 环境保护税对企业绩效影响的实证研究

4.1 实证研究背景与意义

企业是环境治理的主体，环境保护税作为环境规制重要的政策工具之一，通过增加规制压力，引导和调节企业的经济和环境行为。中国的环境保护税从排污费改革而来，克服了排污费的制度设计不完善、收缴程序复杂和法律保障乏力等问题导致的治污乏力、公平缺失、寻租成本高等弊端[76]。理论上与排污费相比，环境保护税具有更强的约束力和减排效力[77]。但现行的环境保护税基本遵循“税负平移”的原则[78],[79]，这在一定程度上影响了环境保护税的实施效应，限制了环境保护税的引导和调节作用。因此，我国环境保护税的实施效应如何？是否改变了污染企业的发展模式？哪些因素影响了环境保护税的效果？对这些问题的深入探讨将为我国进一步完善绿色税制提供理论依据，为我国推动绿色发展和实现“双碳”目标提供政策参考。

与本章问题紧密相关的文献主要有两个方面：一是环境保护税对企业的经济效应。现有文献主要依据环境规制的理论探讨广义环境税费的微观效应，基于排污费[80][81][82]、资源税[83][109]等广义环境税费数据和 CGE 模型的模拟研究[15]，论证环境税费迫使企业将资源从传统的“生产”用途转移至“治污”用途，对企业的生产经营[84][85][86][87]、创新[88]、避税行为[89]产生影响。二是环境保护税对企业的减排效应。许多研究表明环境保护税能直接影响企业的环境行为，引导企业减少污染排放[90]。环境保护税是否存在间接减排效应则存在争议，有学者认为，环境保护税有效引导污染企业通过技术革新和绿色发展减少污染排放[91[]92]有效引导污染企业提高环保意识、转变生产经营模式，具有创新和绿色效应。相反观点认为环境保护税的间接减排效应只存在于合理的税负标准和严苛的征管情景下[93][94]。

现有文献从多方面验证了环境保护税的微观效应，但仍有 3 个方面的缺憾：一是现有研究缺乏对“税”与“费”的区分，广义的环境税费数据无法真实识别环境保护税的实际效应。二是大多研究仅停留在基础层面，从机制研究和异质性视角下评估环境保护税政策效应的成果较少。三是研究方法上，现有环境保护税的实证研究多用 CGE 模型分析，但是该理论模型多用于情景方案之间的预测比较，难以考察现实情况下环境保护税的实际效果。

本章以环境保护税税额标准调整情况为依据，基于 2014—2020 年深沪重污染行业上市公司数据，运用双重差分的方法，从企业层面系统地考察了环境保护税对企业绩效的影响。本章的贡献主要体现在两个方面：第一，通过研究环境保护税对企业绩效的影响，论证了环境保护税相比排污费的优势，为运用财税手段推动“双碳”目标实现和绿色低碳发展提供微观证据。第二，利用丰富的企业信息和微观数据，分析现有文献甚少涉及的环境保护税对企业发展的影响机制，考察了环境保护税的创新效应和绿色效应，揭示了环境保护税与企业发展的深层次关系，不仅丰富了相关文献，还有利于为中国环境经济政策的完善提供有效的政策建议。

4.2 理论假设和机制分析

4.2.1 环境保护税和企业绩效

波特假说认为，环境保护税作为一种监管压力，不可避免地增加了企业污染控制的压力和环境成本。环境保护税对企业实施了严格的要求，是“污染者付费”原则的有效实施，该原则通过将排放成本转化为企业的生产成本和价格成本，阻碍了企业生产率的提高，抑制了企业绩效[95]。环境保护税带来了惩罚压力和税收负担。但从长远来看，这种压力和成本可能会迫使企业进行绿色创新，从而提高企业的竞争力和效率。然而，考虑到创新的滞后性，短期内环境保护税成本的增加将抑制企业财务业绩的增长。无论是新古典经济学还是波特假说，都认为环境保护税作为一种规制压力，势必会增加企业的治污压力和环境成本。虽然从长期来看，这种压力与成本可能会倒逼企业进行绿色创新，从而提高企业竞争力和企业效益。但考虑到创新成果具有滞后性，从短期来看，环境保护税带来的成本增加将抑制企业财务绩效的增长。此外，“费”改“税”突破了原排污费的法律层次低、执法刚性不足等局限，弥补了排污费的制度性缺陷[96]。开征环境保护税，一方面有利于用严格的法律制度来保护生态环境，基于法律的强制性和规范性维护环境保护税的刚性调节作用，增强环境保护税的征收力度，迫使以往因“政策性免征”免缴排污费的重污染企业承担排污成本，短期内导致企业绩效显著降低；另一方面，环境保护税法将纳税人、征税对象和税率等基本课税要素进行明确规定[97]，彻底改变了原排污费制度的随意性和不规范性，杜绝了协商收费、人情收费等执法乱象，更能充分发挥环境经济手段对重污染企业的引导和调控作用。因此，可认为征收环境保护税强调了企业在发展中需承担的环境责任，在短期内将明显增加企业的排污成本和治污成本，加重了企业的资金负担，一定程度上使企业生产效率倒退，从而显著减少企业绩效。据此提出假设 1：征收环境保护税短期内抑制了重污染企业绩效的增长。

4.2.2 环境保护税影响机制分析

进一步聚焦环境保护税的影响机制分析，可将环境保护税对企业绩效的影响机制总结为技术效应和绿色效应。

创新效应指的是环境保护税通过引导重污染企业转型升级，增加研发投入，增加企业经营成本，从而影响企业绩效。一方面，环境保护税把环境污染和生态破坏的社会成本内化为生产成本[98]，使排污者要为其排放的每一单位污染物承担税收成本，当企业预期所承担的税收成本超过企业减排成本时，企业为了最小化经济损失，会主动增加研发投入以此降低排污水平，甚至将其排放标准设置到比政府标准还要严格的程度[88][99]。以市场为导向的环境政策如排放税等，为促进技术变革提供了最高的公司激励[100]，有利于调动企业自主创新的积极性。另一方面，企业技术投入是一项回报周期长，资金需求大的项目，原有的排污费存在政策执行的不确定性和不规范性，导致社会投资者的预期投资损失增加，一定程度上恶化了投资环境[101]。而“费”改“税”后，环境保护税的法律刚性使企业对于技术创新的信心和动力增强，增加了投资预期收益的确定性，同时税收优惠政策也激励了企业增加研发投入，在环境保护税规则下，生产经营者若要获得减免税收待遇，就需要调整生产经营工艺、工序，缩减直接向环境排放污染物[102]，以此降低环境成本，获得创新补偿效应。因此，可认为环境保护税有利于引导企业增加研发投入，但由于技术创新效应具有滞后性，在短期内企业创新收益对成本投入的抵消作用有限，短期的现金流压力将导致企业绩效的降低。据此提出假设 2：征收环境保护税“倒逼”重污染行业增加研发投入，短期内将降低企业绩效。

绿色效应是指环境保护税通过增强企业对绿色发展的重视程度[103]，引导企业发展清洁生产技术和增加排污治理支出，提高企业绿色化程度。由于企业绿色化需要大量的资金投入，且回报周期较长，使得原有投入生产经营的部分资源需转入企业绿色发展中，在短期内将对企业绩效产生负面影响。从绿色技术发展角度来说，征收环境保护税会激励企业管理者在环境规制压力和利益相关者对“绿色”的诉求下，将绿色创新方案纳入企业经营决策和战略规划中[104]，通过掌握绿色专利技术[105][106]，生产绿色差异化产品，从而培养企业绿色竞争优势[107]。由于环境保护税对企业绿色发展的作用具有滞后性[108]，在短期内将出现企业绩效降低的现象。从环保投入的角度来说，环境保护税“倒逼”企业通过增加环保支出、减少污染物排放的“尾端治理”降低企业所承担的环境成本。特别是“费”改“税”后，环境保护税相较于排污费法律层级更高，对企业排污行为的约束力度更大，企业为了避免遭受监管部门的处罚，会保持高水准的环保治污投入来改善环境质量[109]。因此，可认为征收环境保护税有利于引导企业重视绿色发展，通过绿色创新发展和增加环保投入减少污染。由于企业绿色发展需要大量的资金投入，并在短期内无法产生经济收益，在一定程度上将对企业绩效产生负面影响。综上提出以下研究假设：

假设 3：征收环境保护税促进重污染企业的绿色技术创新发展，短期内将降低企业绩效。

假设 4：征收环境保护税促进重污染企业关注环境治理，增加环保投入，短期内将降低企业绩效。

4.3 实证研究设计

4.3.1 样本选择和数据来源

本章选择我国重污染行业深沪上市企业 2015 年第三季度至 2020 年的季度数据为样本①，实证检验环境保护税对企业绩效的影响。样本选取污染行业一方面是由于数据的可获得性，另一方面是因为重污染行业是环境保护税的征税对象，研究环境保护税对重污染行业的影响具有较强的现实意义和参考价值。样本时间区间选取 2015 年第三季度至 2020 年的原因是排除各省（区、市）排污费标准调整对估计结果的干扰②。本章数据来源于国泰安（CSMAR）数据库、万德（WIND）数据库，均为国内最受欢迎、最权威、应用最广泛的金融学术研究数据库，汇集了国内所有上市公司的公告、财务报表和股票型基金债券数据。下载了 A 股市场 2015 年第三季度至 2020 年的上市公司数据，并对数据进行常规处理。排除当年 ST、ST*和首次公开发行（IPO）的样本公司。此外，为了消除异常值的影响，对数据分别进行 1%和 99%的缩尾。

各省（区、市）制定的环境保护税税额标准如表 4-1 所示，北京、天津、山西、江苏等省（市）相较于排污费提高了征收标准，而吉林、江西、安徽等省直接平移了排污费征收标准，这种税额标准的差异就

① 根据中华人民共和国环境保护部 2010 年发布的《上市公司环境信息披露指南》，结合证监会 2012 版行业分类标准，本章选用的重污染行业上市企业包括采矿、纺织、造纸及纸制品、石油、化工、化学纤维、黑色（有色）金属冶炼加工、橡胶塑胶、制药、皮毛制品。

② 2014 年 9 月中国要求各省（区、市）在 2015 年出台并执行调增的排污费标准。2014—2017 年，各省（区、市）先后调整了排污费征收标准，其中 2014 年 2 个省（区、市）调整了排污费，2015 年 7 月 24 个，2016 年 5 个，2017 年 3 个。

为本报告提供了自然实验。税负平移的地区相较于排污费变化较小，而提高税额标准的地区受环境保护税直接影响显著。因此，本部分基于2015年第三季度至2020年重污染行业深沪上市公司数据，利用双重差分（DID）的分析方法，选取2018年开征环境保护税为政策时点，选取公司所在地位于2018年提高征收标准的北京、天津、山西、河北、四川、江苏等省（市）的企业为处理组，公司所在地位于税负平移的安徽、吉林、江西、甘肃、陕西等省的企业为控制组，并剔除动态变化的内蒙古、云南等省（区）数据，试探究2018年我国开征环境保护税对重污染上市企业绩效的影响。最终获得处理组数据22 858个，控制组数据16 170个，总数据39 028个。

表4-1　自变量

名称	计算方法
ROA	息税前利润/平均总资产×100%
ROE	销售利润率（净利润/销售收入）×总资产周转率（销售收入/总资产）×财务杠杆比率×100%

4.3.2 变量选择

（1）企业绩效

国外关于企业绩效的文献研究中，通常使用市场价值指标Tobin Q作为代理变量[110]的研究。但是，我国上市公司的股价波动较大，受多种因素的影响，所以Tobin Q并不适用于研究我国企业绩效。我们选取公司年度财务报表中公布的总资产收益率（ROA）、净资产收益率（ROE）、经营收益率（ROS）等财务指标来衡量公司业绩。这4个变量都能有效地衡量企业营利能力的水平。本报告用ROA和ROE来衡量企业的财务绩效。ROA 是评估企业运用全部资产的总体获利能力和企业资产运营效益的重要指标。ROA 越高，说明企业资产的运用效率越好，企业投入和产出的水平越高，企业的资产盈利能力越强。ROE 是评估企业自有资本获得净收益的能力和公司运用自有资本效率的主要指标。ROE 越高，说明投资带来的收益越高，资金使用效率越好，企业获利能力越强。本报告以 ROS 作为检验稳健性的指标。

（2）企业创新

基于企业创新投入和产出的不同视角可以将衡量企业创新的代理变量分为企业研发投入和专利活动两种变量，如 Tu[111]就运用企业专利数量作为企业创新的度量指标。但是就本部分而言，企业研发投入是企业创新更为合适的代理变量。这是因为：①企业专利数量仅能代表企业部分创新水平，无法体现企业其他非专利技术的创新成果。同时企业专利申请具有滞后性，无法及时体现企业的创新活动。如果仅仅采取专利数量，并不能准确衡量我国企业创新能力的质量。②研发投入是创新活动的开始，也是企业技术创新水平的重要衡量标准之一。用创新投入来衡量企业创新具有一定的时效性和准确性。本报告选取研发支出占当年营业收入的比重作为企业研发投入的代理变量，该值越大表示企业研发经费比例越高，说明企业当年的创新能力越强。

（3）绿色发展

衡量企业绿色发展程度的主要指标是环境投资和绿色技术创新。一方面，考虑环境投资的经济效益往往不像其他项目那么明显，社会效益和环境效益大于经济效益，环境投资可以有效衡量企业的绿色发展程度。绿色专利数量是企业绿色创新活动的通用衡量标准之一，它体现了企业绿色创新投入的作用效果。本章选取企业的绿色专利申请数量来衡量企业绿色创新情况。另一方面，考虑企业绿色创新的数据很难与研发投入的数据分离。企业绿色专利申请数量是衡量企业绿色创新活动的常用指标，它反映了企业对绿色创新投入的效果。本报告选取上市公司财务报表附注里的“环保支出本期金额”来衡量企业的环保投入。

（4）控制变量

考虑可能存在其他影响企业绩效的重要因素，本报告将公司治理情况和其他财务指标也纳入控制变量当中，如董事会规模、独立董事数量、成本费用率、主营业务比例、净收益率、资产负债率、流动比例、存货周转率和长期负债比例等。

4.3.3 模型设定

（1）基准回归

为了评估环境保护税对企业绩效的影响，本报告基于环境保护税税额标准调整的自然实验，进行 DID 分析。选取 2018 年开征环境保护税为政策时间点，最终本报告的 DID 方程如下：

$$Y_{it} = \alpha + \beta_1 D_i \times T_t + \beta_2 \sum X_{it} + \gamma_t + \mu_i + \varepsilon_{it} \tag{4-1}$$

式中，Y_{it} —— 企业绩效的代理变量，下角标 i 和 t 分别表示企业和时间；

D_i —— 企业是否位于环境保护税税额标准调增的地区，取值为 1 代表属于，取值为 0 代表不属于；

T_t —— 数据是否属于 2018 年第一季度及以后，取值为 1 代表属于，取值为 0 代表不属于；

交互项 $D_i \times T_t$ —— 是否属于 2018 年第一季度以后位于环境保护税税额标准调整地区的数据，取值为 1 代表属于，取值为 0 代表不属于；

$\sum X_{it}$ —— 控制变量；

γ_t —— 时间固定效应，

μ_i —— 个体固定效应；

β_1 —— 本报告关心的系数，表示环境保护税税额标准调整对企业绩效的影响，基于前文理论分析本报告假设 β_1 是显著且为负的；

ε_{it} —— 误差项。

（2）机制检验

基于环境保护税对企业绩效的影响机制，本章引入中介效应模型（方程组）来考察环境保护税是否会通过创新效应和绿色效应影响企业的财务绩效。回归模型设定如下：

$$Y_{it} = \alpha + \gamma_1 D_i \times T_t + \beta_3 \sum X_{it} + \gamma_t + \mu_i + \varepsilon_{it} \tag{4-2}$$

$$\mathrm{MED}_{it} = \alpha + \gamma_2 D_i \times T_t + \beta_4 \sum X_{it} + \gamma_t + \mu_i + \varepsilon_{it} \tag{4-3}$$

$$Y_{it} = \alpha + \gamma_3 D_i \times T_t + \delta \mathrm{MED}_{it} + \beta_5 \sum X_{it} + \gamma_t + \mu_i + \varepsilon_{it} \tag{4-4}$$

上述方程式中，式（4-2）表示环境保护税对企业绩效的总效应，系数 γ_1 表示总效应的大小。式（4-3）反映开征环境保护税对中介变量的影响效应，其中 γ_2 为影响系数，MED_{it} 为中介变量，分别表示上文提出的创新效应中的研发投入和绿色效应中的绿色创新与环保支出。式（4-4）中 γ_3 表示中介变量对企业绩效的直接效应。将式（4-3）代入式（4-4）可进一步得到中介变量对企业绩效的中介效应 $\delta\gamma_2$，即开征环境保护税通过中介变量的传导机制对企业绩效的影响程度，这也是我们关注的关键系数。

4.4 实证研究结果分析

4.4.1 环境保护税的企业痛感

（1）描述性统计

本节以企业注册地是否调整环境保护税的税额标准为依据，将重污染行业的上市公司数据分成处理组（税负调整）和控制组（税负平移），并基于 2018 年正式开征环境保护税的时间，把样本数据分成政策前和政策后进行分组均值检验。如表 4-2 所示，征收环境保护税后，税额标准调高地区的重污染企业 ROE 和 ROA 明显降低，甚至低于税负平移地区。处理组的 ROA 从 5.189%降低至 4.011%，下降幅度约为 23%，控制组的 ROA 从 5.098%下降至 4.126%，下降幅度约为 19%。同时，处理组 ROE 下降幅度约为 25%，而控制组 ROE 下降幅度约 20%。这初步证实了前文关于环境保护税对企业绩效的抑制作用的假设。

表 4-2　描述性统计

变量	处理组		控制组	
	政策前	政策后	政策前	政策后
ROE	6.214%	4.667%	6.045%	4.833%
ROA	5.189%	4.011%	5.098%	4.126%
董事会规模	7.664%	8.231%	7.984%	8.441%
独立董事数量	2.797%	3.081%	2.883%	3.090%
成本费用率	11.830%	10.907%	10.989%	10.538%
主营业务比率	88.080%	97.042%	88.187%	97.649%
净收益率	8.092%	7.259%	7.828%	6.987%

变量	处理组		控制组	
	政策前	政策后	政策前	政策后
资产负债率	39.857%	40.375%	39.506%	40.674%
流动比率	2.729%	2.614%	2.494%	2.450%
长期负债比率	9.936%	10.252%	9.940%	10.949%
存货周转率	3.448%	3.240%	3.430%	3.131%

（2）实证结果

使用式（4-1）的 DID 来估计环境保护税对企业绩效的影响。表 4-3 列（1）和列（3）表明，无论是否引入控制变量，关键变量 $D \times T$ 的回归系数都是显著为负的，验证了征收环境保护税对重污染企业的 ROA 产生了显著抑制作用，位于环境保护税税额调整地区的重污染行业 ROA 相较于“税负平移”地区减少了 0.214%。环境保护税相较于排污费更具法律刚性和规制压力，不仅使企业承担之前所逃避的污染成本，还对污染企业有更为严苛的环境要求，在短期内直接导致污染企业的绩效显著降低。表 4-3 列（2）和列（4）表示征收环境保护税对企业 ROE 没有显著作用，环境保护税并未影响重污染企业自有资本获得净收益的能力。考虑 ROE 计算时只考虑到了股东权益，而 ROA 比 ROE 更能全面反映企业对资产的利用率，且在后续的检验中也验证了结果的稳健性，因此该结论基本符合本报告的理论预期。此外，其他控制变量的回归结果表明，独立董事数量越少，成本费用率越高，主营业务比例越高，净收益率越高，资产负债率越低，流动比例越低，存货周转率越高，长期负债比例越低，企业的 ROA 水平越高。

表 4-3 基准回归检验

变量	（1） ROA	（2） ROE	（3） ROA	（4） ROE
$D \times T$	−0.262* （0.151）	−0.362 （0.275）	−0.214** （0.105）	−0.235 （0.190）
独立董事数量	—	—	−0.384*** （0.125）	−0.866*** （0.211）
董事会规模	—	—	0.025 （0.044）	−0.038 （0.080）
成本费用率	—	—	0.034*** （0.009）	0.030*** （0.011）
主营业务比例	—	—	0.007*** （0.001）	0.005*** （0.002）
净收益率	—	—	0.156*** （0.011）	0.345*** （0.019）
资产负债率	—	—	−0.023*** （0.004）	−0.008 （0.011）
流动比例	—	—	−0.186*** （0.031）	−0.409*** （0.051）
存货周转率	—	—	0.067*** （0.016）	0.141*** （0.032）
长期负债比例	—	—	−0.008** （0.003）	−0.010 （0.007）
时间固定效应	是	是	是	是
个体固定效应	是	是	是	是
常数项	5.122*** （0.146）	5.628*** （0.253）	5.084*** （0.372）	6.082*** （0.782）

变量	（1）ROA	（2）ROE	（3）ROA	（4）ROE
样本量	40 962	40 821	27 199	27 111
R^2	0.246	0.133	0.546	0.469

注：***、**、*分别表示在 1%、5%、10%的统计水平上显著。

（3）稳健性检验

考虑基准回归可能受到预先存在的时间趋势、变量和样本变动、排污费调整等其他同期政策影响，导致 DID 估计存在偏差。因此，本章做了以下的稳健性检验，验证了结论的准确性。

1）平行趋势检验。如果开征环境保护税之前，控制组和处理组的样本存在不同的时间趋势，那么会影响 DID 的估计结果。本报告在基础模型中引入政策分组变量 D 和政策实施前后季度（2015 年第三季度至 2020 年）虚拟变量的交互项进行了平行趋势检验。图 4-1 表明企业绩效对环境保护税政策实施前的虚拟变量交互项并无显著影响，对于 ROA 来说只从 2018 年第三季度开始是显著的，对于 ROE 来说只有 2019 年第三季度显著，这再度验证了环境保护税显著影响企业绩效。

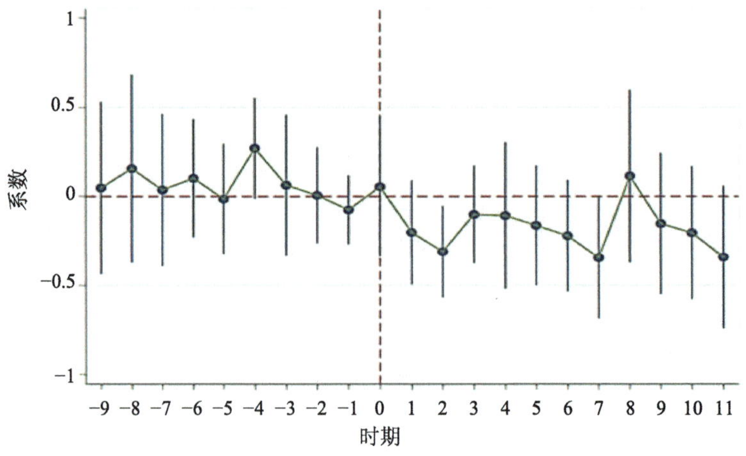

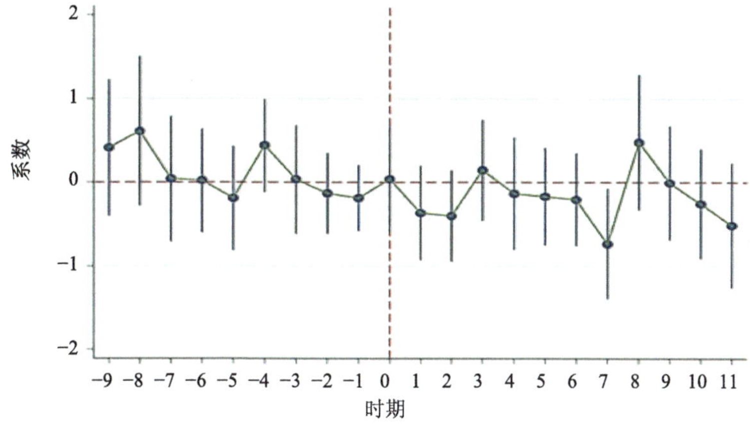

图 4-1 ROA（上图）和 ROE（下图）的平行趋势检验

2）更换变量。除 ROA 和 ROE 外，ROS 也能有效地衡量企业经营效率，表明企业通过生产经营获得利润的能力。考虑到基础回归中只有 ROA 是显著的，为了进一步验证结果的准确性，本报告引入营业利润与营业收入的比例作为企业绩效的代理变量。如表 4-4 列（1）所示，征收环境保护税显著抑制了重污染企业的营业利润率，税额标准提高地区的重污染企业营业利润率下降了 0.4%。再次验证了短期内征收环境保护税对企业绩效具有负面影响的结论。

3）调整样本。2020 年 5 月 11 日，辽宁省上调了大气污染物和水污染物的适用税额[①]，使得辽宁省在本报告的样本分类中从控制组变成了处理组。为了避免政策变动对本章实证结果的影响，剔除了辽宁省再次进行回归分析，结果见表 4-4 列（2），征收环境保护税仍然对重污染企业的 ROA 产生显著的负面影响。

① 辽宁省十三届人大常委会第十八次会议通过了“辽宁省应税大气污染物和水污染物环境保护税适用税额调整方案”，提出将大气污染物中的二氧化硫和氮氧化物的适用税额上浮至 2.4 元/污染当量（上浮 100%），将水污染物中的化学需氧量和氨氮的适用税额上浮至 2.8 元/污染当量（上浮 100%）的税额方案。

表 4-4　稳健性检验

变量	（1）经营性收益率	（2）ROA	（3）ROA	（4）ROA	（5）ROA
$D\times T$	−0.004* （0.002）	−0.204* （0.107）	—	—	−0.198* （0.105）
$D\times T$ 2016	—	—	−0.120 （0.122）	—	—
$D\times T$ 2017	—	—	—	−0.266 （0.229）	—
排污费调整	—	—	—	—	Y
控制变量	Y	Y	Y	Y	Y
时间固定效应	Y	Y	Y	Y	Y
个体固定效应	Y	Y	Y	Y	Y
常数项	−0.023* （0.012）	4.989*** （0.373）	3.928*** （0.499）	4.981*** （0.373）	4.591*** （0.336）
N	25134	26619	24900	26619	27201
R^2	0.400	0.430	0.547	0.546	0.469

注：（1）***、**、*分别表示在 1%、5%、10%的统计水平上显著。
（2）时间虚拟变量 T2016 表示数据是否属于 2016 年及以后，属于则取值为 1，否则取值为 0。时间虚拟变量 T2017 表示数据是否属于 2017 年第三季度及以后，属于则取值为 1，否则取值为 0。

4）安慰剂检验。如果开征环境保护税之前存在其他因素影响重污染企业绩效，或提前冲击了重污染企业绩效，则我们的 DID 估计将有偏差。本节依据两个相关的政策事件进行安慰剂检验，一是 2016 年中国实行的去产能、去库存、去杠杆、降成本、补短板的“三去一降一补”供给侧改革。引入 2016 年前后的时间虚拟变量，验证供给侧改革是否会影响了本报告的实证结论。表 4-4 列（3）结果排除了供给侧改革影响本报告实证结果的可能性。二是2017年第三季度起各省（区、市）陆续公布即将实施的环境保护税税额标准。这可能使重污染企业可提前获取本地区税额标准的信息，导致在实际征税前环境保护税就已经对重污染企业绩效产生冲击。引入2017年第三季度的时间虚拟变量，验证环境保护税对企业绩效的影响是否具有提前效应。表4-4列（4）结果表明环境保护税并未存在提前效应，税额标准提前公布不会对企业绩效造成冲击。

5）现有政策测试。重污染企业绩效也可能受到同期其他政策的影响，特别是排污费标准调整政策。本报告控制了排污费标准调整前后的年份虚拟变量与企业虚拟变量，即剔除了排污费标准调整的作用。表4-4列（5）表明 $D\times T$ 系数与我们的基线估计结果相似，显著为负，表明同时期的排污费调整政策不影响我们的估计。

4.4.2 环境保护税对企业绩效的影响机制和异质性

（1）环境保护税对企业绩效的影响机制

本部分我们探究了环境保护税对企业绩效的影响机制，分析征收环境保护税除直接增加企业税负外，是否通过税收政策的引导和调节作用增强了重污染企业的节能减排意识，促进企业实现绿色转型升级。基于表4-5列（2）～列（4）探讨了环境保护税的创新效应和绿色效应。

1）环境保护税的创新效应。以企业的研发投入为中介变量，考察环境保护税是否会通过改变企业的研发投入影响企业绩效。据表4-5列（1），征收环境保护税有利于促进重污染企业的技术创新，开征环保税以后，位于税额标准提高地区的企业比“税负平移”地区新增了0.177%的研发投入。据表4-5列（2），研发投入的增加导致企业绩效显著减少，研发投入每增加1%，企业ROA水平降低0.021%。同时，本报告通过Sobel检验和Bootstrap检验证实了研发投入是征收环境保护税对企业绩效的负面影响的中介变量。环境保护税对企业创新具有“倒逼效应”，促使企业增加研发投入，通过减少对原有污染性生产方式的依赖，有效规避环境监管成本。但由于短期内研发投入并未转化为经济效益，新增的大量研发支出对企业绩效带来了负面影响，每增加 1%的研发支出都导致企业 ROA 水平降低 0.021%。

表 4-5　中介效应检验

变量	（1）研发投入	（2）ROA	（3）绿色创新	（4）ROA	（5）环保投入	（6）ROA
$D\times T$	0.177** （0.091）	0.006 （0.036）	−0.893 （0.722）	−0.084 （0.055）	0.192 （0.145）	−0.362** （0.162）
研发投入		−0.021*** （0.006）				
绿色创新				−0.004*** （0.001）		
环保投入						0.076 （0.074）
控制变量	Y	Y	Y	Y	Y	Y
时间固定效应	Y	Y	Y	Y	Y	Y
个体固定效应	Y	Y	Y	Y	Y	Y
常数项	4.425*** （0.577）	1.255*** （0.414）	1.321*** （0.117）	0.965* （0.223）	14.420*** （0.066）	0.488 （1.708）
样本量	29 927	14 861	8 305	4 609	1 910	1 884
Sobel 检验	（3.996）>（1.96）		0.480＜1.96		（1.793）＜（1.96）	
Bootstrap 检验	bs_1=−0.006*** bs_2=−0.069*		bs_1=0.001 bs_2=−0.083		bs_1=−0.028 bs_2=−0.285**	

注：（1）***、**、*分别表示在 1%、5%、10%的统计水平上显著。
（2）bs_1 是间接效应，bs_2 是直接效应。

2）环境保护税的绿色效应。本节以企业的绿色创新（绿色专利申请数）和环保投入作为中介变量，考察环境保护税是否会通过推动企业绿色发展而影响企业绩效。表 4-5 列（3）至列（6）的结果表明中介效应不显著，即环境保护税并不会通过促进企业绿色创新来影响企业绩效水平，也不会通过鼓励企业增加环保投入来影响企业绩效水平。环境保护税的绿色效应微弱，对企业绿色发展作用有限。这主要有 3 个方面原因：一是我国现行的环境保护税税额标准整体偏低，对企业绿色发展的激励作用有限；二是挥发性有机物尚未纳入环境保护税征收范围，削弱了环境保护税的减排效应；三是环境保护税的征管能力和水平亟待提高，存在复核细则不明确、信息共享欠缺等问题，不利于环境治理效率的提高。

（2）环境保护税的异质性效应

由于企业的外部环境和内在属性不同，受到环境保护税影响的程度也可能存在差异。本部分将基于外部环境和企业规模等因素，进一步分析环境保护税对企业绩效的异质性影响效应，旨在发掘影响环境保护税实施效果的具体因素，为完善因地制宜、合理有效的环境保护税政策提供参考。

1）外部环境。受到地区经济发展水平和制度环境的影响，在差异较大的不同区域，环境保护税的实施效果差异性也较大[112]。制度环境好的地区，市场配置资源的程度较高，市场环境相对公平，企业更能够根据政策预期履行环境行为，也较容易受到环境保护税的影响。特别是对于研发创新来说，如果缺乏相关配套政策，企业环保技术创新将面临较大的经营风险，这种不确定性可能会严重打击企业创新的积极性，从而影响了环境保护税对创新发展的激励作用。因此本报告引入了地区虚拟变量，结果如表 4-6 所示，东部地区三重交互项系数显著为负，说明

表 4-6　异质性分析——外部环境

变量	(1) ROA	(2) ROE	(3) ROA	(4) ROE	(5) ROA	(6) ROE
$D\times T$	0.033 (0.138)	0.171 (0.282)	−0.198** (0.096)	−0.397** (0.142)	−0.201** (0.094 3)	−0.375*** (0.139)
$D\times T\times E$	−0.449*** (0.143)	−0.769*** (0.288)				
$D\times T\times Z$			0.329** (0.165)	0.621** (0.269)		
$D\times T\times W$					0.386* (0.223)	0.493 (0.349)
控制变量	Y	Y	Y	Y	Y	Y
时间固定效应	Y	Y	Y	Y	Y	Y
个体固定效应	Y	Y	Y	Y	Y	Y
常数项	4.017*** (0.288)	3.029*** (0.618)	1.920*** (0.250)	−3.320*** (0.407)	1.917*** (0.250)	−3.328*** (0.407)
N	27 437	27 349	24 369	24 354	24 369	24 354
R^2	0.623	0.587	0.622	0.586	0.622	0.586

注：（1）***、**、*分别表示在 1%、5%、10%的统计水平上显著。
（2）E 代表企业属于北京、天津、江苏等 11 个东部地区的城市，Z 代表企业属于山西、安徽等 8 个中部地区的城市，W 代表企业属于广西、四川等 12 个西部地区的城市，如果属于则取值为 1，否则取值为 0。

征收环境保护税对东部地区的重污染企业作用明显，使重污染企业的 ROA 水平减少了 0.449%，ROE 水平减少了 0.769%，明显抑制了企业绩效增长。而表 4-6 列（3）至列（5）表明中、西部地区的回归结果显著为正。这验证了环境保护税具有“区域效应”，东部发达地区相较于中、西部拥有更高水平的法制化、贸易自由化和市场化环境，良好的外部环境为征收环境保护税提供了制度保障和舆论基础，更有利于发挥环境保护税的引导和调节作用。但中、西部地区由于制度落后，环境保护税的征管能力较差，无法有效地实现税务部门和环保部门的及时对接。在“费”改“税”的初期，中、西部地区重污染企业可能出现“避税”行为，不仅不需要缴纳排污费，而且少缴环境保护税，企业绩效显著提高。

2）企业规模。环境监管和环境保护税的征管会因为企业规模大小不同而严格性不同[113]，企业规模越大，越容易受到严苛的环境监管，并且减排成本也会随企业规模的增加而增加，所以大规模企业的财务绩效更容易受到环境保护税的冲击。相反观点认为，依据企业社会责任理论，企业规模越大，越有充足的资金和超前的战略准备来应对环境保护税的负面影响，因此小规模企业受到环境保护税的冲击更为明显。据此，本报告引入了企业规模虚拟变量，估计结果如表 4-7 所示。小规模企业的三重交互项系数显著为负，开征环境保护税显著降低了小规模企业的财务绩效，使 ROA 水平减少了 0.6%，ROE 水平减少了 0.378%。中规模企业和大规模企业的三重交互项系数不显著，说明对于中等以上规模的企业，环境保护税效应不明显。这是符合直观预期的。由于小规模企业存在资金不足、技术落后、信息获取能力差等缺陷，使小规模企业在面临政策改变的时候缺乏及时有效的应对策略。大规模企业比小规模企业更容易受到严格的环境监管和舆论关注，拥有更全面的战略准备，往往更能从容地应对环境保护税的影响。环境保护税的征收进一步压缩了中小企业的生存空间，明显冲击了小规模企业的绩效。

表 4-7 异质性分析——企业规模

变量	(1) ROA	(2) ROE	(3) ROA	(4) ROE	(5) ROA	(6) ROE
$D \times T$	0.125 (0.089)	−0.057 (0.136)	−0.059 (0.093)	−0.196 (0.140)	−0.185** (0.093)	−0.227* (0.129)
$D \times T \times S$	−0.600*** (0.121)	−0.378** (0.159)				
$D \times T \times M$			0.082 (0.106)	0.116 (0.156)		
$D \times T \times L$					0.417 (0.108)	0.196 (0.173)
控制变量	Y	Y	Y	Y	Y	Y
时间固定效应	Y	Y	Y	Y	Y	Y
个体固定效应	Y	Y	Y	Y	Y	Y
常数项	2.032*** (0.253)	−2.575*** (0.427)	1.970*** (0.252)	−2.616*** (0.424)	2.018*** (0.254)	−2.593*** (0.427)
N	22 330	22 316	22 330	22 316	22 330	22 316
R^2	0.632	0.585	0.631	0.585	0.631	0.585

注：（1）***、**、*分别表示在 1%、5%、10%的统计水平上显著。

（2）样本数据中的企业规模从低到高分成三类，S 代表企业属于规模小的企业，M 代表属于规模中等的企业，L 代表属于大规模企业，如果属于则取值为 1，否则取值为 0。

4.5 实证研究结论与改革建议

本章基于 2015—2020 年深沪重污染行业上市企业的季度数据，利用双重差分的分析方法，深入分析了征收环境保护税对我国重污染企业绩效的实际作用和具体机制，并挖掘出我国环境保护税存在的主要问题和不足，为完善我国绿色税制、充分发挥其对企业的引导和调节作用提供经验数据支持。发现：①短期内，征收环境保护税使我国重污染企业的总资产报酬率显著减少了 0.214%。②环境保护税具有显著的创新效应，征收环境保护税有利于“倒逼”企业重视技术创新，激励重污染企业增加 0.285%的研发投入，但创新的经济效益存在滞后性，因此在短期内企业绩效明显减少。③环境保护税的绿色效应微弱，开征环境保护税对重污染企业的绿色创新和环保投入没有显著的促进作用。④环境保护税对企业绩效的影响存在异质性，在制度环境较好的东部地区环境保护税的调控作用明显，同时“费”改“税”增加了小规模企业的减排负担，抑制了小规模企业绩效增长。

为了更好地发挥环境保护税的调控作用，进一步推动中国绿色税制的发展，提出以下改进建议：一是企业需提高绿色发展水平，加强绿色创新投入和环保投入，实现可持续发展。二是适当提高环境保护税税率水平，设定多档次优惠税率。三是细化污染物排放浓度值的减征档次，加大税收优惠力度。四是提高环境保护税征管能力和水平。进一步强化税务部门和生态环境部门之间的协作机制，完善环境保护税涉税信息共享机制建设。

5

资源税政策

5.1 进展情况

资源税是一项重要的政策工具，对提高我国能源利用效率起到一定的作用，资源税改革的重点既要适应我国经济发展及结构升级的调整，促进开采资源企业产业结构完善，也要提升资源利用效率并加强生态环境保护，推动我国建设成为可持续发展型社会。《中华人民共和国资源税法》（以下简称《资源税法》）自 2020 年 9 月开始实施，施行后税务部门增加了按季申报纳税，最大限度减轻纳税人的办税负担。自 2021 年 6 月 1 日起，资源税、环保税等 10 个财产和行为税税种合并申报在全国范围内推行，实现纳税人一次登录、一填到底，办税效率大幅提高。各地积极贯彻落实《资源税法》，因地制宜出台资源税相关税收优惠等政策，绿色发展减税效应显见成效，助推了行业企业绿色可持续发展。

5.1.1 山东省推动绿色税制落实落细

自《资源税法》施行以来，山东省落实以环保税为主体、资源税为重点，“多税共治”“多策组合”的绿色税制体系，一方面有效抑制了企业高污染、高耗能行为，另一方面鼓励企业节能减排，推动绿色消费，双向调节促进生态环境保护。

（1）政策效应凸显部门联动增效

山东省税务部门与生态环境、自然资源等相关部门建立工作联动、数据共享机制，提升资源税风险防控质效，更好地推动《资源税法》落实落细。2021 年山东省水资源税收 35.8 亿元，较改革前提高 39.7%，山东省用水结构明显改善，取用地下水比例较改革前下降 9.0 个百分点，非常规水利用率较改革前提高 2.6 个百分点，价格调节作用持续显现。为促进资源综合利用、推进绿色生态开采，山东省税务部门积极落实 2014 年 12 月 1 日至 2023 年 8 月 31 日，对充填开采置换出来的煤炭，资源税减征 50%的优惠政策，每年可为煤炭行业充填开采减免税 4 500 万元，促进了绿色生态开采，缓解了企业经营压力。同时，积极落实小微企业减税降费叠加适用政策，累计为 1 453 户小微企业减税 7 437 万元。为最大限度发挥资源税政策导向作用，根据山东省独有地下卤水矿脉的实际情况，在《资源税法》所列全国 164 个征收品目的基础上，创新建立“163+2”征管机制，在原来钠盐品目下设井矿钠盐和卤水钠盐两个子科目，税率分别确定为 4%和 10%。政策实施后地下卤水开采量明显减少，保护了珍稀地下卤水资源。为体现资源稀缺性、促进集约节约利用，山东省税务部门将矿泉水税率由 2.5%调整为 5%，推进企业实行技术升级改造，提高水资源的利用效率。

（2）简并优化流程切实减轻负担

山东省税务部门简并资源税征收期限，将其统一调整为按月或按季度申报，同时将申报期限由 10 日内调整为 15 日内，与其他税种保持一致，降低纳税人的申报频次。积极规范税目税率，明确全部资源品目的征税对象，并分别对原矿和选矿确定税率，取消原来原矿和选矿之间折算率、换算比的多重计算方式，纳税人申报只需对号入座即可。

（3）精准推送政策“一企一策”服务

《资源税法》实施后，山东省税务部门依托智慧财税共治平台分析研判，精准定向为资源税涉税企业提供个性化服务，组织税收专家顾问团到企业了解现实需求和发展动向，助企疏堵消障。某矿业资源有限公司进行了生产线设备改造，但对《资源税法》实施后是否受益很疑惑，税收专家顾问团队上门为企业解读政策，重点讲解了有关天然石英砂、白云岩、石英岩等矿产品税率调整的内容，该公司经测算发现仅白云岩税率调整带来了税负下降，3 个月的资源税就减少了 30 余万元，切实缓解了改造设备的资金压力。

5.1.2 云南省资源税正向引导作用显现

《资源税法》在云南实施 1 年来，政策平稳过渡，征收管理有序推进，通过对税率结构、征收方式进行优化，进一步促进了资源优势转化为财政优势，充分利用税收杠杆撬动绿色经济发展。在资源税税收优惠政策的叠加效应下，云南省越来越多的企业感受到绿色税收保生态、促转型的作用，税收杠杆撬动绿色发展的成果日益显现。2020 年 9 月—2021 年 9 月，云南省贯彻落实《资源税法》累计申报减免资源税超 1 亿元，进一步助力云南绿色经济蓬勃发展。

（1）税制引领让绿色擦亮高质量发展底色

2020 年 7 月 29 日，云南省第十三届人民代表大会常务委员会第十九次会议审议通过了《云南省资源税税目税率计征方式及减免税办法的决定》，于 2020 年 9 月 1 日起与《资源税法》同步施行。明确在《资源税法》规定的 6 个可以实行从价计征或者从量计征的税目中，对地热实行从量计征，天然卤水实行从价计征，对其他黏土、砂石、石灰岩、矿泉水4个税目以从价计征为主，自用和加工成非应税产品的实行从量计征。既符合资源税改革从价计征主方向，有利于建立税收与价格的联动机制，稳定企业税负，又充分考虑方便纳税人申报，避免征纳矛盾。云南省税务部门积极探索与省财政厅、省自然资源厅、省水利厅、省应急管理厅等部门建立信息交换和工作协作机制，通过专题会议形式听取各部门的意见建议，逐步完善配套制度，进一步加强资源税征收管理，提升纳税服务水平。

（2）流程简化以服务护航企业“造绿”再提速

面对绿色发展新形势，云南省税务部门不断创新优化征管和服务举措，《资源税法》实施后，简并了纳税期限，增加了征期天数，申报期限由10日内改为15日内，与其他税种保持一致，明显降低了纳税人的申报频次。特别是自2021年6月以来，国家税务总局实行资源税等10个税种合并申报，纳税人填报表单数量从35张减少到11张，填报数据减少204项，实现多税种“一张报表、一次申报、一次缴款、一张凭证”，极大提高了办税效率。2020年9月—2021年8月，云南省资源税纳税人完成申报64 618次，同比减少33.06%。

（3）效应释放以税惠撬动绿色发展新动能

《资源税法》实施以来，云南老工业城市个旧市税务部门多次深入企业矿区，了解经营状况，熟悉生产工艺，辅导适用政策，针对企业如何规范申报减免留存备查资料等问题进行专业辅导，推动资源税优惠政策落地见效，助力企业“绿色发展”，税惠红利给企业持续“加绿”增添了信心。受益于《资源税法》对共生矿、伴生矿、低品位矿资源税的减免优惠，某矿业有限公司自《资源税法》实施以来享受共、伴生矿减免300余万元，资源税税收优惠政策带来的税收红利补齐了建设“绿色、智能矿山”的资金缺口，在保证企业营收的同时，把绿水青山守护好，矿业周边均为绿色植被所覆盖，勾画出了一条绿色防护带。

5.1.3 广东省资源税推动砂石资源开发利用

《资源税法》实施后，砂石由原来的从量计征调整为从价计征，建立起了砂石价税同步增减的税收自动调节机制，有助于引导和助推采砂企业按照规定的采砂船舶规模、开采用量和强度、工艺控制要求等进行开采，为全国各地的砂石企业减压赋能，促进砂石行业发展。

广东省作为全国经济发展排头兵，砂石需求旺盛，大量外来砂石，包括非法开采、运输的海砂河砂充斥其中，推高砂石价格，影响正常市场秩序。为缓解砂石资源供应紧张的局面，广东省自 2020 年起连续 3 年每年开采利用 6 000 万～7 000 万 m^3 的海砂资源。然而，海砂的开采难度大，前期设备投入大，淡化处理等加工工序多、要求高，给海砂资源的开发利用造成了不小的困难。《资源税法》实施前，无论广东省的企业销售原矿还是选矿，都要按照开采量缴纳相同金额的资源税。2020 年 7 月 29 日，广东省第十三届人民代表大会常务委员会第二十二次会议通过了《广东省资源税具体适用税率等事项的决定》，为鼓励企业提升新技术、新工艺水平，促进矿产品的洗选加工，推动资源节约集约利用，明确对砂石实行差别化税率，企业开采原矿直接销售采用 3%的税率，原矿洗选加工成选矿销售采用 2%的税率。选矿 2%的税率较原矿 3%的税率减轻了企业税收负担，单个企业每年可节省 3 000 万元，使企业在生产过程中以资源节约集约利用、环境保护为导向，加大创新力度，促进海砂产品的洗选加工。

5.1.4 河北省水资源税改革试点成效明显

河北省作为全国第一个开展水资源税改革试点省份，坚持目标导向，强化顶层设计，创新思路举措，扎实有序地推进水资源税改革试点工作，取得了一定的实效和经验。到 2021 年 7 月 1 日，水资源税改革试点已经推行了 5 年，河北省 5 年来累计压减地下水超采量 43.5 亿 m^3，超过 2/3 的地下水超采线的地下水位实现了回升，水资源税的经济杠杆调节作用在促进节约用水、抑制地下水超采等方面效果逐步显现，用水户主动调整用水结构，加大节水设备投入力度，全社会节水意识普遍提高。例如，河北某钢铁企业将原有地下水源井全部关闭，水源全部切换为城市再生水，年节水约 1 460 万 m^3；河北某纸业公司通过引进先进的节水设备和技术，水重复利用率由 30%提高到 98%以上。据统计，目前河北省年均征收水资源税 20 亿元，是税改前的 2.2 倍。截至 2021 年年底，河北省超采区地下水位整体回升，深、浅层分别同比回升 5.12 m、1.87 m。

5.2 问题分析

一是资源税的征收范围仍较窄。目前《资源税法》规定的税目仅包含能源矿产、金属矿产、非金属矿产、水气矿产和盐五大类，其他的自然资源还没有被纳入征收范围，《资源税法》对这些征收范围外的自然资源不能进行合法有效的保护，资源税的征税范围还是过于窄小，不利于自然资源的合理、可持续地开采和使用。二是目前资源税收入为生态补偿提供资金数量非常有限，尽管近年来资源税收入总量一直保持上升趋势，但全国资源税收仅占全国总税收的 1%以内，对环境治理投资贡献较小，难以有效发挥对环境保护的调控与引导作用[114]。三是水资源税收入的用途尚未明确，目前出台的文件均未明确水资源税的用途和支出方向，而是仅抽象规定其在各级政府间的分成比例。水资源税改革过程中存在计量方式不完善导致的用水征纳问题，从量计征方式无法实现价格联动，尤其是农业用水计量设施严重不足，难以做到准确计量。水资源税征收工作涉及税务、水利等多个部门，需要部门之间的相互协作，但目前水利部门与税务部门主要完成各自内部的相关事宜，还未建立起长期有效的合作监管模式。

5.3 完善建议

（1）逐步扩大资源税的征收范围

我国的自然资源丰富多样，各类资源的稀缺程度和被开采利用程度均有所不同，且对不同的自然资源进行分别征税管理也具有一定的难度。鉴于此，现阶段还不能一次性实现对自然资源进行全面征税，应当循序渐进地逐步扩大征税范围。综合考虑资源稀缺程度、环境保护问题以及征收管理水平，首先应当对资源稀缺程度高、生态环境影响严重，同时征管成本相对较低的自然资源进行征税。目前，浪费、污染较为严重的水资源已经在试点阶段，应当要不断地总结试点经验，尽早在全国范围内推行征税，而后要适时地将森林、草原这类极易被破坏且乱砍滥伐现象严重的自然资源纳入征收范围，逐步建立生态资源税收体系[115]。

（2）完善资源类税种和税制结构

为了提高生态补偿效率和效果，不断完善现行税收体系，既可以开征生态补偿税来筹集补偿资金，也可以以生态附加税的形式对现行税种进行绿化[114]。同时，对从事治理污染的环保型企业，对其治污专用设备给予加速折旧等税收优惠，在进口关税环节，对进口可能存在高污染风险的原材料，应提高关税税率、加大税负。

（3）继续完善推进水资源税改革

建立水资源治理保护专项基金，用于建设水利工程、治理水污染、研发节水技术和设备、购入环境监测仪器等。地方财政部门建立税款预算和使用计划，科学合理地使用税款，加强对税款使用的监管，并建立税款使用的绩效评估制度，提高税款在保护水资源和生态环境方面的使用效率。在有条件的基础上加大水资源计量基础设施的投入，通过财政补贴、税收减免、投资退税等多种积极形式引导纳税人主动安装设施。完善部门间的联动协调机制，各部门之间应采用“税收共治”的征管模式，尤其是水利和税务部门应明确各自职责，通过信息联网，构建信息共享交流平台，保障用水量、用水结构等实时信息的准确性和及时性，促进水资源管理水平提升。

6 交通环境税收政策

6.1 进展情况

6.1.1 车辆购置税

车辆购置税是对在境内购置规定车辆的单位和个人征收的一种税，它由车辆购置附加费演变而来，购买汽车时所要缴纳的税。购置税额是征收汽车售价（不含税价）的 10%，车辆购置税的纳税人为购置（包括购买、进口、自产、受赠、获奖或以其他方式取得并自用）应税车辆的单位和个人，税率为 10%，除汽车外，摩托车、电车、挂车、农用运输车也要缴纳车辆购置税。2021 年，全国车辆购置税税收收入 3 520 亿元，占总税收收入的 2.04%，同比下降 0.3%。

（1）延长新能源汽车车辆购置税减免政策成效显著

为支持新能源汽车产业发展，促进汽车消费，新能源汽车免征车辆购置税的优惠政策延长至 2022 年 12 月 31 日；同时，节能汽车减半征收车船税，新能源车船免征车船税等税收优惠的叠加，也为购买新能源汽车的消费者再添一笔“购车福利”。2021 年 1—7 月，中山市新能源汽车销售数量较 2020 年同期增长 176.26%，直接减免车辆购置税 8 700 多万元。

（2）完善免征车辆购置税车辆目录

根据《关于设有固定装置的非运输专用作业车辆免征车辆购置税有关政策的公告》（财政部　税务总局　工业和信息化部公告　2020 年第 35 号）、《关于设有固定装置的非运输专用作业车辆免征车辆购置税有关管理事项的公告》（财政部　税务总局　工业和信息化部公告　2020 年第 20 号）的相关规定，2021 年 3—12 月国家税务总局、工业和信息化部先后发布《免征车辆购置税的设有固定装置的非运输专用作业车辆目录》（第一批、第二批、第三批、第四批），分别明确了 3 487 种、1 931 种、1 105 种、1 265 种免征车辆购置税的设有固定装置的非运输专用作业车辆。

（3）突出车辆购置税收入补助地方重点

2021 年 3 月 10 日，财政部、交通运输部联合发布了《车辆购置税收入补助地方资金管理暂行办法》。进一步提高车购税资金分配的针对性、导向性。一是更加突出保障中央财政事权的支出责任，将财政事权改革中新确定的“界河桥梁（隧道）”“边境口岸汽车出入境运输管理设施”等中央财政事权项目纳入资金保障范畴。二是更加突出支持国家重大战略任务，将“综合交通运输”作为一个单独的支出方向，以支持现代综合立体交通网建设。三是聚焦支持重点，将符合国家战略方向的水运基础设施项目、启动国家应急响应的灾毁重建项目、部省信息化联网项目纳入支持范围。此次修订的办法还新增了两种支持方式，即以奖代补和竞争性评审。

6.1.2 小汽车消费税

我国小汽车消费税自 1994 年设立以来，经过了 2006 年、2008 年、2016 年 3 次较大调整，汽车消费税、成品油消费税和相关财政政策与经济发展形势和社会发展要求相配合，在汽车厂商优化产品结构和消费者理性消费方面起到了一定的引导作用，促进了我国汽车产业和市场可持续发展。

小汽车消费税征收环节后移并下划地方改革酝酿提速推进。从税收收入来看，消费税是我国当前第三大税种，2021 年我国国内消费税收入为 13 881 亿元，同比增长 15.4%，约占全国税收收入的 8.04%。《中华人民共和国国民经济和社会发展第十四个五年规划和 2035 年远景目标纲要》提出，调整优化消费税征收范围和税率，推进征收环节后移并稳步下划地方。下一步，将完善地方税税制，合理配置地方税权，理顺税费关系。按照中央与地方收入划分改革方案，后移消费税征收环节并稳步下划地方，结合消费税立法统筹研究推进改革。2021 年，继“十四五”规划文件中对消费税改革做出部署后，财政部等相关部门负责人接连谈及下一步消费税改革的考虑，透露相关政策思路。2021 年 4 月，全国人大常委会预算工委调研组赴广东省就完善现代税收制度、健全地方税和直接税体系等开展了专题调研。业内专家指出，目前消费税改革的方向和路径图已然明晰，有望提速推进。构建以国内大循环为主体、国内国际双循环相互促进的新发展格局，小汽车消费堪当重任，需要进一步深化小汽车消费税改革。

6.1.3 车船税

车船税是指以车船为特征对象，向车辆与船舶（以下简称车船）的所有人或者管理人征收的一种税。国务院财政部门、税务主管部门可以根据实际情况，在规定的税目范围和税额幅度内，划分子税目，并明确车辆的子税目税额幅度和船舶的具体适用税额。车辆的具体适用税额由各省、自治区、直辖市人民政府在规定的子税目税额幅度内确定。2021 年车船税、船舶吨税、烟叶税等其他各项税收收入合计 1 236 亿元，同比增长 7.1%。

车船申报程序简化大大减轻保险机构等单位工作负担。2021 年 2 月 1 日，国家税务总局印发《关于开展 2021 年“我为纳税人缴费人办实事暨便民办税春风行动”的意见》（税总发〔2021〕14 号）要求，扩大“非接触式”服务范围，实现自然人房屋租赁、房屋交易税收以及车船税掌上办理。2021 年 4 月 12 日，国家税务总局印发《关于简并税费申报有关事项的公告》（国家税务总局公告 2021 年第 9 号），车船税和城镇土地使用税、房产税、印花税、耕地占用税、资源税、土地增值税、契税、环境保护税、烟叶税共 10 个财产和行为税合并申报，申报表单数量将由 35 张减少到 11 张，减少约 2/3，数据项将减少 204 项，减少约 1/3，纳税人填报负担将大大减轻。为解决车船税代收代缴体量大、数据多、校验严、申报慢等问题，贵州税务部门开发出车船税辅助申报系统，已正式运行。中国人民财产保险股份有限公司贵州分公司财务负责人桂萍反馈“公司每月要申报 13 万台车辆的车船税，税务局推出的车船税辅助明细申报系统，可以‘一键申报’，相比原来的手工制表，既方便又高效，减轻了公司办税人员近 90%的申报工作量”。

6.2 问题分析

（1）小汽车消费税职能定位模糊，消费税作用效率低

我国汽车消费税职能定位在两个方面：一方面，纠正负外部性，引

导消费者选择环保产品；另一方面，增加财政收入，调节社会分配，对具有奢侈品属性的汽车额外征收税费。按发动机排量划分的排量税，通过税率级差对消费者选择购置的汽车种类进行引导，利用不同排量汽车之间的税负差异来激发购买者环保消费的主动性。但由于持有环节车船税仅根据排气量实行年固定税额，作用效果有限。生产环节征收的排量税，影响的仅仅是消费者购置时的一次性成本，很难对汽车消费和使用行为产生的负外部性进行调节。消费者购买偶尔行驶的大排量私家车产生的尾气污染可能远比在拥堵的城市日常通勤的小排量汽车小得多，但是根据在我国现行汽车消费税，消费税在生产环节就已经征收完毕，与汽车产品消费脱节。

（2）征收环节局限在前端

从征收环节来看，我国汽车购置环节税负约为 60%，使用环节约为 35%，保有环节仅为 5%。以小汽车消费税为例，除超豪华小汽车在零售环节加征消费税外，其他小汽车均在生产（进口）环节征收。一方面对于生产企业来说，提前垫付消费税导致资金大量占用，影响企业进行技术创新、产品研发，不利于汽车行业的可持续发展；另一方面，只在生产环节征税限制了小汽车消费税矫正负外部性的调控功能，消费者购买排量相对较大的小汽车时，其承担的实际税负远低于法定税负，这使小汽车消费税对消费者的调控作用受影响，不利于其引导绿色消费的作用发挥。

（3）新能源税收优惠政策仍需完善

一是关于新能源汽车的税收优惠政策主要集中在前端购置环节和使用环节，缺乏对生产环节技术创新的支持，对于关键性零部件的生产环节，目前仅有新能源电池免征消费税这一项优惠政策，优惠力度不足[116]。二是配套政策尚未完善。新能源汽车发展所需的区域基础设施建设程度良莠不齐，现推行的“双积分”制度还不成熟，交易细则不明确，包括双积分的定期报告制度、第三方交易规则等还需进一步完善。

6.3 完善建议

（1）坚持全国统一的小汽车消费税税率制度，适度降低小排量乘用车税率

税率是税制的基本要素，也是征收环节后移的小汽车消费税改革需要回答的问题。第一，为了避免征收环节后移并下划地方的小汽车消费税改革引发区域税收竞争，应坚持现行全国统一的小汽车消费税税率制度。第二，坚持“局部下调、总体稳定”原则统筹税率设计，适度降低1.0～1.5 L（含 1.5 L）排气量乘用车的税率，其他排气量的乘用车和中轻型商用客车的税率保持不变。之所以适度降低 1.0～1.5 L（含 1.5 L）排气量乘用车的消费税税率，是因为在征收环节后移之后，小汽车消费税的计税依据将由工厂销售额调整为零售额，在税基增大的情况下，如果不适度降低小汽车消费税的税率，必然会增加消费者的税收负担。为了不对小汽车市场产生影响，坚持“抑大扬小”的汽车消费理念，结合《中华人民共和国消费税暂行条例》的规定，建议适当降低 1.0～1.5 L（含 1.5 L）排气量乘用车在零售环节的税率水平，以保持购买 1.0～1.5 L（含 1.5 L）排气量乘用车的消费者的税收负担不变。之所以对其他排气量的乘用车和中轻型商用客车的税率保持不变，一方面是践行“抑大扬小”的汽车消费理念，另一方面是为了获得更多的小汽车消费税收入，体现消费税的特殊调节功能。

（2）根据不同地区在全国应税小汽车零售额增幅中的占比确定下划收入的分配，拓展地方收入来源

将征收后移至零售环节的小汽车消费税的增量收入下划地方，需要确定增量收入下划的方式。为实现国务院印发的《实施更大规模减税降费后调整中央与地方收入划分改革推进方案》提出的“拓展地方收入来源”这一改革目标，增量收入下划应坚持如下 3 个原则：一是确保中央财政的小汽车消费税收入在改革前后保持稳定；二是力争各地区收入增长的普遍性和相对均衡性；三是激发地方政府改善小汽车消费环境的积极性。由于我国小汽车产业主要布局于北京、吉林、上海、湖北、广东等地，因此地区之间的应税小汽车产量差异较大，但是地区之间的小汽车消费量则相对均衡。建议根据每个地区对全国增量收入的贡献分享下划收入。具体而言，根据每个地区在全国应税小汽车零售额增幅中的占比确定下划收入的分享份额。

（3）进一步完善新能源汽车的税收优惠政策

一是在投入和使用环节加大对新能源汽车的政策支持力度，完善覆盖新能源汽车的购置类、基础设施类、使用类税收优惠政策。综合利用免税、减税和税收抵扣等多种税收优惠政策促进新能源汽车的技术研发。二是加大配套政策的实行力度，发挥非货币性政策的持续性和有效性特点。加快完善城市公共充电桩系统建设、基础配套设施建设等，及时完善“双积分”政策，助推新能源汽车产业的发展。

7

其他税收绿色化政策

7.1 进展情况

7.1.1 增值税绿色税收政策

增值税虽然并不属于绿色税收体系中的直接税种，但是增值税针对资源综合利用实行的即征即退税收优惠政策，在一定程度上起到了促进环境保护、合理引导消耗的作用。2015 年印发的《资源综合利用产品和劳务增值税优惠目录》（财税〔2015〕78 号）（以下简称优惠目录）是资源综合利用主要适用的增值税优惠文件。优惠目录不仅有利于规范再生资源行业发展，鼓励再生资源规范化使用，进一步推动资源综合利用和节能减排；还通过规范和优惠增值税政策，促进再生资源的回收和合理利用，有助于减少污染排放，推动经济社会绿色健康可持续发展。2021 年全国增值税收入 63 519 亿元，同比增长 11.8%。

（1）优化增值税优惠政策办理流程

2021 年 3 月，国家税务总局发布《关于进一步优化增值税优惠政策办理程序及服务有关事项的公告》（国家税务总局公告　2021 年第 4 号），提出进一步精简享受优惠政策办理流程和手续。纳税人适用增值税即征即退政策的，应当在首次申请增值税退税时，按规定向主管税务机关提供退税申请材料和相关政策规定的证明材料。纳税人后续申请增值税退税时，相关证明材料未发生变化的，无须重复提供，仅需提供退税申请材料并在退税申请中说明有关情况。优化增值税优惠政策办理程序，简化即征即退政策的申请流程，有利于降低企业申请税收优惠政策的难度和成本，促进税收优惠政策的落地，从而更好地促进资源综合利用行业的发展。此外，各地方也不断精简增值税即征即退办理程序，如吉林省长春市双阳区税务局通过优化增值税制度性留抵退税、增值税即征即退内部工作流程，实行“来即享、无感到账”的增值税退税服务；宁夏回族自治区银川市永宁县税务局通过“非接触式”办税服务，简化办税手续，2021 年以来，平均退税时间缩短至 3～5 个工作日。

（2）取消部分钢铁产品的出口退税

2021 年 4 月，财政部和国家税务总局发布《关于取消部分钢铁产品出口退税的公告》（财政部 税务总局公告　2021 年第 16 号），提出自 2021 年 5 月 1 日起取消 146 个钢铁出口退税。2021 年 7 月，财政部和国家税务总局发布《关于取消钢铁产品出口退税的公告》（财政部　税务总局公告　2021 年第 25 号），提出自 2021 年 8 月 1 日起取消部分冷轧卷板、电镀锌板、镀锡板、硅电钢、石油管等 23 类钢铁产品的出口退税。取消部分钢材产品的出口退税有利于减少国内钢材出口，保障国内钢铁资源供应，有利于缓解钢材生产带来的高耗能高污染问题，促进产业结构调整，助力“双碳”目标实现。

7.1.2 企业所得税绿色税收政策

企业所得税绿色税收政策不仅有利于减轻相关企业税负，缓解企业资金紧张压力，还有利于激发环保市场活力，促进环保产业发展。企业所得税优惠政策虽然不能直接增加企业的现金流，但可以通过实行优惠税率、减免税额和研发费用加计扣除等税收政策降低企业税负，减少成本，使更多利润留在企业内部，从而有效促进企业加大研发费用投入，增强企业的绿色创新活力，推动企业绿色转型发展。2021 年全国企业所得税收入 42 041 亿元，同比增长 15.4%。

（1）加大研发费用加计扣除政策优惠力度

2021 年 3 月，财政部和国家税务总局发布《关于进一步完善研发费用税前加计扣除政策的公告》，提出制造业企业开展研发活动中实际发生的研发费用，未形成无形资产计入当期损益的，在按规定据实扣除的基础上，自 2021 年 1 月 1 日起，再按照实际发生额的 100%在税前加计扣除；形成无形资产的，自 2021 年 1 月 1 日起，按照无形资产成本的 200%在税前摊销。此外，2021 年 9 月，国家税务总局发布《关于进一步落实研发费用加计扣除政策有关问题的公告》，提出企业 10 月预缴申报第三季度（按季预缴）或 9 月（按月预缴）企业所得税时，可以自主选择就前三季度研发费用享受加计扣除优惠政策；增设简化版研发支出辅助账和研发支出辅助账汇总表样式；企业在一个纳税年度内同时开展多项研发活动的，由原来按照每一研发项目分别计算“其他相关费用”限额，改为统一计算全部研发项目“其他相关费用”限额。此次研发费用加计扣除新政不仅提高了加计扣除的比例，而且允许企业在 10 月预缴申报企业所得税时进行加计扣除，提前了企业兑现减税红利的时间，为企业绿色转型、环保技术发展注入动能。湖北省前三季度全省共有 14 056 户企业提前享受研发减税优惠，加计扣除金额合计 434.85 亿元，减免企业所得税 108.71 亿元，超过去年全年享受金额的九成。

（2）落实污染防治第三方治理企业税收优惠政策

2021 年 4 月，国家税务总局、国家发展改革委和生态环境部发布《关于落实从事污染防治的第三方企业所得税政策有关问题的公告》，提出从 2021 年 6 月 1 日起，对污染防治第三方治理企业减按 15%税率征收企业所得税的优惠政策采取“自行判别、申报享受、相关资料留存备查”的方式办理，并进一步明确主要留存备查资料，细化《关于从事污染防治的第三方企业所得税政策问题的公告》（财政部　国家税务总局　国家发展改革委　生态环境部公告　2019 年第 60 号）第三条规定的转请核查等相关后续管理要求。这有利于提高优惠政策的可操作性，精准落实税收优惠政策，进一步优化税务执法方式，从而促进污染防治第三方治理企业专业化、规模化发展。

（3）更新企业所得税优惠目录

2021 年 12 月 16 日，财政部、国家税务总局、国家发展改革委和生态环境部发布《环境保护、节能节水项目企业所得税优惠目录（2021 年版）》以及《资源综合利用企业所得税优惠目录（2021 年版）》，据表 7-1，对比《环境保护节能节水项目企业所得税优惠目录（试行 2009 年版）》，2021 年版新目录企业所得税可优惠的项目将原来五大类 18 个项目整合优化为三大类 30 个项目，主要新增了大气污染防治、公共污水处理、土壤与地下水污染治理、生态环境监测等项目，重点调整了节能减排技术改造类项目，在节水改造及非常规水利用类项目中新增 3 个项目，并取消了垃圾填埋沼气发电项目的企业所得税优惠政策。对比《资源综合利用企业所得税优惠目录（2008 年版）》，2021 年版新目录企业所得税可优惠的部分将原来共生、伴生矿产资源类、废水（液）、废气、废渣类和再生资源类三大领域内 16 大类的综合利用资源调整为三大领域内 19 大类的综合利用资源。新版优惠目录整合优化了旧目录中的部分项目，并新增了纳税人呼声较高的项目，在调整项目相关标准条件上也做了优化，使更多的企业和项目可以享受到优惠政策，更加符合当前社会绿色发展的需要，有利于推动环境保护和资源节约高效利用，实现资源可持续利用，推进生态文明建设。

表 7-1　两个企业所得税优惠目录（2021 年版）主要变化

<table>
<tr><th>文件名</th><th colspan="2">新增项目</th><th>删减项目</th></tr>
<tr><td rowspan="12">《环境保护、节能节水项目企业所得税优惠目录（2021年版）》</td><td rowspan="3">大气污染防治</td><td>脱硫脱硝除尘排放治理及改造项目</td><td></td></tr>
<tr><td>有机废气收集净化项目</td><td></td></tr>
<tr><td>恶臭气体治理项目</td><td></td></tr>
<tr><td rowspan="3">公共污水处理</td><td>农村污水处理项目</td><td></td></tr>
<tr><td>污泥处理处置及资源化利用项目</td><td></td></tr>
<tr><td>水体修复与治理项目</td><td></td></tr>
<tr><td>土壤与地下水污染治理</td><td>土壤与地下水污染修复项目</td><td></td></tr>
<tr><td colspan="2">生态环境监测项目</td><td></td></tr>
<tr><td rowspan="3">节能减排技术改造</td><td>数据中心节能改造项目</td><td>煤炭工业复合式干法选煤技术改造项目</td></tr>
<tr><td>通信基站节能改造项目</td><td>钢铁行业干式除尘技术改造项目</td></tr>
<tr><td>余热余压利用项目</td><td>有色金属行业干式除尘净化技术改造项目</td></tr>
</table>

文件名	新增项目		删减项目
《环境保护、节能节水项目企业所得税优惠目录（2021年版）》	节能减排技术改造	绿色照明项目	燃煤电厂烟气脱硫技术改造项目
		供热系统节能改造项目	
		碳捕集、利用与封存（CCUS）项目	
	节水改造及非常规水利用	污水资源化利用项目	
		城镇和工业公共供水管网改造项目	
		工业节水改造项目	
	沼气综合开发利用		垃圾填埋沼气发电项目
《资源综合利用企业所得税优惠目录（2021年版）》	共生、伴生矿产资源	黑金属矿、有色金属矿、非金属矿共生、伴生矿产资源	
	废水（液）、废气、废渣	煤泥、港口航道的疏浚物、社会回收的废金属（废钢铁、废铜、废铝等）、城镇污泥、二氧化碳、氯化氢废气、生物质合成气等	石煤、工业过程中的余热、余压等
	再生资源	废旧太阳能光伏板、风电机组、废橡胶、林业“三剩物”、次小薪材、蔗渣、糠醛渣、菌糠、酒糟、粗糟、中药渣、废旧家具、畜禽养殖废弃物、畜禽屠宰废弃物、农产品加工有机废弃物、废玻璃、废玻璃纤维、废旧汽车、废旧办公设备、废旧工业装备、废旧机电设备、厨余垃圾、铸造废砂、废纸等	

7.1.3 消费税绿色税收政策

作为我国第三大税种，消费税可以通过调节市场主体经济活动，发挥资源节约、环境保护的导向作用。并且消费税的征税对象大多是特定消费品和特定消费行为，因此消费税本身具有一定的绿色税收性质。现行消费税税目包括 15 种商品，涉及绿色消费的有成品油、小汽车、摩托车、电池、涂料等，其中成品油包括汽油、柴油、石脑油、溶剂油、润滑油、燃油、航空煤油 7 个子目。对高能耗、高污染的行为进行征税，增加了纳税人环境污染的成本，使纳税人在一定程度上为造成环境污染付出了代价，有助于推动我国绿色经济的发展[117]。2021 年全国消费税收入 13 881 亿元，同比增长 15.4%。

征收部分成品油的进口消费税。2021 年 5 月，财政部、海关总署和国家税务总局发布《关于对部分成品油征收进口环节消费税的公告》（财政部 海关总署 税务总局公告 2021 年第 19 号），提出自 2021 年 6 月 12 日起将对归入税则号列 27075000，且 200℃以下时蒸馏出的芳烃以体积计小于 95%的进口产品，视同石脑油按 1.52 元/L 的单位税额征收进口环节消费税；对归入税则号列 27079990、27101299 的进口产品，视同石脑油按 1.52 元/L 的单位税额征收进口环节消费税；对归入税则号列 27150000，且 440℃以下时蒸馏出的矿物油以体积计大于 5%的进口产品，视同燃料油按 1.2 元/L 的单位税额征收进口环节消费税。对混合芳烃、轻循环油和稀释沥青等成品油视同石脑油或燃料油征收进口环节消费税，有利于抑制不符合标准的燃油加工生产，流向非法经营渠道，造成严重的环境污染情况。

7.1.4 关税绿色税收政策

关税作为调节产业结构和对外贸易结构的重要一环，应该充分发挥生态环境保护的“绿色”职能作用，通过调节进出口贸易结构，限制高污染或高耗能产业的发展，使跨国贸易商品的环境成本内部化，减少生产生活污染，保护资源和环境，促进自然资源的合理利用[118]。关税绿色化主要体现在两个方面，一方面是进口绿色关税，即对入境可能会带来严重或难以治理的污染的商品或消耗大量自然资源的产品及设备调整进口关税；另一方面是出口绿色关税，即对高污染高能耗产品或生产过程中会造成环境污染的出口产品调整关税。2021 年全国关税税收收入 2 806 亿元，同比增长 9.4%。

（1）调整部分钢铁产品关税

2021 年 4 月，国务院关税税则委员会发布《关于调整部分钢铁产品关税的公告》（税委会公告〔2021〕4 号），提出自 2021 年 5 月 1 日起，调整部分钢铁产品关税。其中，对生铁、粗钢、再生钢铁原料、铬铁等产品实行零进口暂定税率；适当提高硅铁、铬铁、高纯生铁等产品的出口关税，调整后分别实行 25%出口税率、20%出口暂定税率、15%出口暂定税率。调整高耗能的钢铁产品进出口关税，是关税绿色化的体现，有利于降低进口成本，扩大钢铁资源进口，支持国内压减粗钢产量，引导钢铁行业降低能源消耗总量，促进钢铁行业转型升级和高质量发展。

（2）降低促进环境保护类产品的进口关税

2021 年 12 月，国务院关税税则委员会发布《关于 2022 年关税调整方案的通知》（税委会公告〔2021〕18 号），明确了 2022 年关税调整方案。其中，为改善环境质量，推动绿色低碳发展，对可提高车辆燃油效率、减少尾气排放的汽油机颗粒捕集器、汽车用电子节气门，以及可用于土壤修复的泥煤，降低进口关税，实行进口暂定税率 3%（表 7-2）。汽油机颗粒捕集器、汽车用电子节气门等产品是促进汽车节能减排的重要零部件，降低关税后，有利于支持汽车行业绿色低碳发展。

表 7-2　2022 年相关产品进口税率变动情况

海关编码	商品名称	2022 年最惠国税率	2022 年暂定税率
27030000	泥煤	5%	3%
84099199	汽车用电子节气门	5%	3%
84213200	汽油机粒捕集器（装备不锈钢外壳、入口管和出口管内径不超过 1.3 cm 的气体过滤或净化机器及装置除外	5%	3%

7.2　问题分析

（1）增值税优惠政策有待完善

一是“第一张发票”的缺失，导致资源回收环节税负过高。再生资源回收企业难以取得增值税发票，导致增值税链条断裂，无法抵扣进项税额，增加了资源回收企业的增值税税负。二是增值税税收优惠力度不大。增值税即征即退比例较低，如对于企业综合利用报废汽车、报废摩托车等产生或拆解出来的废旧钢铁只享受 30%的即征即退，明显低于其他综合利用产品，不利于废旧钢铁资源利用。三是增值税优惠条件较为严苛。现行的优惠目录设置的条件苛刻、标准过高，政策覆盖面窄，只有极少数再生资源加工企业能够满足要求。四是各地区对增值税优惠政策的使用存在差异。比如，一些地方税务部门在适用优惠目录时，对于加工环节的界定有着不同理解，导致各地税收政策差异较大，影响市场竞争环境的公平性。例如，山东、安徽、河南等省针对废旧物资回收利用产业比例返还增值税地方留存部分不等，形成了行业税收洼地。

（2）企业所得税优惠力度不足

一是企业所得税优惠政策缺乏导向性。目前，实行的优惠政策多为普适性的税收优惠政策，缺乏单独针对节能环保、可再生能源相关的政策，这种“一刀切”的企业所得税优惠政策不能实现激励效果的最大化，不利于充分调动企业环保技术研发创新和生产的积极性。二是污染防治第三方治理企业税收优惠力度不足。第三方治理有利于提高治污减排效率，减少监管成本，是促进环境保护的重要抓手之一。但第三方治理的企业所得税优惠政策将于年底到期，尚未出台延期或其他税收优惠政策，这将不利于促进第三方治理行业的发展。

（3）消费税的环境保护职能

一是消费税征税范围较窄。目前，我国消费税所纳入的与环境保护相关的税目还不多，消费税仅涵盖烟、鞭炮焰火、铅蓄电池和涂料等污染环境税目，小汽车和游艇等能源消耗税目，成品油、实木地板和木制一次性筷子等资源类税目，消费税的绿化水平有限[119]。消费税与环境保护政策契合度不够，不利于发挥消费税的环境保护职能。二是消费税与环境保护税的协同性不足。消费税与环境保护税承担着不同程度的能源资源节约和环境保护职能，环境保护税通过增加企业税负进而调节企业行为，消费税通过影响消费者成本进而影响消费者行为。只有将消费税和环境保护税、资源税协同配合，才能有效地发挥税收政策对污染治理的调节作用，但目前消费税与环境保护税协同作用不足。

（4）关税绿色化程度有待提高

环境问题在国际贸易领域日渐突出，许多欧美国家（地区）开始制定和实施将环境外部成本内部化，制定内含环境保护功能的关税政策，如欧美的碳关税。我国目前的关税绿色化程度低，缺乏应对进口或出口导致的高污染高耗能问题的政策。关税作为调节产业结构和对外贸易结构的重要一环，并未发挥应有的生态环境保护的“绿色”职能作用，这无疑会成为我国“绿色”税收制度体系的一块“短板”。

7.3 完善建议

（1）进一步完善增值税优惠政策

一是尽快制定统一的再生资源行业增值税税收优惠政策，建立全供应链信息化综合服务平台，完善配套的税收优惠实施制度和机制。二是考虑针对符合监管要求的再生资源回收企业可以自行开具收购发票，或对该类企业免征增值税政策。在报废汽车、废电器等已具备良好监管基础条件的领域开展试点，后续推广至具备一般纳税人资格的再生资源回收企业[120]。三是动态调整税收优惠目录，及时更新、修订并扩大优惠企业范围，细化、优化目录规定，提高优惠政策的适用性。四是适度提高加工环节增值税税收优惠力度，考虑再生资源综合利用对产业转型、高质量发展的促进作用，适当提高包括废旧钢铁在内的再生资源综合利用增值税优惠力度，如将废旧钢铁增值税退税比例由现行的30%提升到70%以上。

（2）提高企业所得税优惠力度

一是提高企业所得税优惠政策导向性。对环保产业、可再生能源等绿色低碳发展实行具有针对性的企业所得税优惠政策，加大优惠力度，充分发挥税收优惠政策对企业绿色转型、低碳发展的激励和促进作用。二是增加第三方治理企业所得税优惠政策力度。继续延长第三方治理企业所得税优惠税率政策，同时通过多种形式税收优惠减免第三方治理项目参与主体的税收负担，释放第三方治理市场的内在发展动力，如可以按照固体废物处理及再利用等产业的税收优惠方式，对第三方治理项目所涉企业的所得税采用“三免三减半”的优惠政策等。

（3）充分发挥消费税环境保护职能

一是征税范围和税率的调整应当进一步凸显消费税的绿色性质，发挥调节经济、促进合理健康消费的作用。征税范围应该有增有减，与能源消耗、资源保护、环境污染等相关商品可以纳入消费税征税范围，同时在保持总体相对稳定的基础上对税率进行适当调整。考虑逐步将塑料制品、一次性包装物、洗涤剂、化学染料和化学农药等产品纳入消费税征税范围。二是加强消费税和环境保护税的协同效应。提高两种税种在征税范围、税率等方面的配合度，充分发挥消费税和环境保护税在影响个人的生活方式、企业的生产方式方面的促进作用，推进税制绿化建设，助力绿色消费、绿色生产和节能环保发展。

（4）提高关税绿色化程度

积极探索提高关税“绿色化”的可行性和制度构建，落实低碳发展税收政策，调整部分环保产品、环保节能设备、技术进口关税，如进一步降低环境友好程度高、污染低的原料进口关税，以充分发挥关税对产业发展和环境保护的指导作用，鼓励企业更多地使用环保、低消耗的原料。

附 录

附录一 2021 年出台的环境税相关政策法规文件清单（部分）

序号	政策名称	发布部门	发布时间	文号
		环境保护税		
1	关于发布计算环境保护税应税污染物排放量的排污系数和物料衡算方法的公告	生态环境部、财政部、国家税务总局	2021 年 4 月 28 日	生态环境部 财政部 国家税务总局公告 2021 年第 16 号
2	关于发布《排放源统计调查产排污核算方法和系数手册》的公告	生态环境部	2021 年 6 月 11 日	24 号公告
3	国家税务总局关于简并税费申报有关事项的公告	国家税务总局	2021 年 4 月 12 日	国家税务总局公告 2021 年 9 号
4	国家税务总局广东省税务局环境保护税核定征收管理办法	广东省税务局	2021 年 7 月 11 日	国家税务总局广东省税务局公告 2021 年第 1 号
		交通类税收		
1	关于印发《车辆购置税收入补助地方资金管理暂行办法》的通知	财政部、交通运输部	2021 年 3 月 30 日	财建〔2021〕50 号

序号	政策名称	发布部门	发布时间	文号
2	关于发布《免征车辆购置税的设有固定装置的非运输专用作业车辆目录》（第一批）的公告	国家税务总局、工业和信息化部	2021 年 3 月 31 日	国家税务总局 工业和信息化部公告 2021 年第 7 号
3	关于发布《免征车辆购置税的设有固定装置的非运输专用作业车辆目录》（第二批）的公告	国家税务总局、工业和信息化部	2021 年 6 月 3 日	国家税务总局 工业和信息化部公告 2021 年第 14 号
4	关于发布《免征车辆购置税的设有固定装置的非运输专用作业车辆目录》（第三批）的公告	国家税务总局、工业和信息化部	2021 年 9 月 22 日	国家税务总局 工业和信息化部公告 2021 年第 29 号
5	关于发布《免征车辆购置税的设有固定装置的非运输专用作业车辆目录》（第四批）的公告	国家税务总局、工业和信息化部	2021 年 12 月 14 日	国家税务总局 工业和信息化部公告 2021 年第 32 号
其他税收				
1	关于对部分成品油征收进口环节消费税的公告	财政部、海关总署、国家税务总局	2021 年 5 月 12 日	财政部 海关总署 税务总局公告 2021 年第 19 号
2	关于取消钢铁产品出口退税的公告	财政部、国家税务总局	2021 年 7 月 28 日	财政部 税务总局公告 2021 年第 25 号
3	关于取消部分钢铁产品出口退税的公告	财政部、国家税务总局	2021 年 4 月 26 日	财政部 税务总局公告 2021 年第 16 号
4	关于进一步优化增值税优惠政策办理程序及服务有关事项的公告	国家税务总局	2021 年 3 月 29 日	国家税务总局公告 2021 年第 4 号
5	关于进一步完善研发费用税前加计扣除政策的公告	财政部、国家税务总局	2021 年 3 月 31 日	财政部 税务总局公告 2021 年第 13 号
6	关于进一步落实研发费用加计扣除政策有关问题的公告	国家税务总局	2021 年 9 月 13 日	国家税务总局公告 2021 年第 28 号
7	关于落实从事污染防治的第三方企业所得税政策有关问题的公告	国家税务总局、国家发展改革委、生态环境部	2021 年 4 月 29 日	国家税务总局、国家发展改革委、生态环境部公告 2021 年第 11 号

序号	政策名称	发布部门	发布时间	文号
8	关于调整部分钢铁产品关税的公告	国务院关税税则委员会	2021年4月27日	税委会公告〔2021〕4号
9	关于2022年关税调整方案的通知	国务院关税税则委员会	2021年12月13日	税委会〔2021〕18号
10	关于公布《环境保护、节能节水项目企业所得税优惠目录（2021年版）》以及《资源综合利用企业所得税优惠目录(2021年版)》的公告	财政部、国家税务总局、发展改革委、生态环境部	2021年12月16日	财政部 国家税务总局 发展改革委 生态环境部公告2021年第36号

附录二　环境保护税

1. 生态环境部　财政部　国家税务总局关于发布计算环境保护税应税污染物排放量的排污系数和物料衡算方法的公告

（生态环境部　财政部　国家税务总局公告　2021 年第 16 号）

为贯彻落实《中华人民共和国环境保护税法》，进一步规范因排放污染物种类多等原因不具备监测条件的排污单位应税污染物排放量计算方法，现公告如下：

一、属于排污许可管理的排污单位，适用生态环境部发布的排污许可证申请与核发技术规范中规定的排（产）污系数、物料衡算方法计算应税污染物排放量；排污许可证申请与核发技术规范未规定相关排（产）污系数的，适用生态环境部发布的排放源统计调查制度规定的排（产）污系数方法计算应税污染物排放量。

二、不属于排污许可管理的排污单位，适用生态环境部发布的排放源统计调查制度规定的排（产）污系数方法计算应税污染物排放量。

三、上述情形中仍无相关计算方法的，由各省、自治区、直辖市生态环境主管部门结合本地实际情况，科学合理制定抽样测算方法。

四、本公告自 2021 年 5 月 1 日起施行，《关于发布计算污染物排放量的排污系数和物料衡算方法的公告》（环境保护部公告　2017 年第 81 号）同时废止。《财政部 税务总局 生态环境部关于环境保护税有关问题的通知》（财税〔2018〕23 号）第一条第二款同时改按本公告规定执行。

生态环境部将适时对排污许可证申请与核发技术规范、排放源统计调查制度规定的排（产）污系数、物料衡算方法进行制修订，排污单位自制修订后的排（产）污系数、物料衡算方法实施之日的次月起（未明确实施日期的，以发布日期为实施日期），依据新的系数和方法计算应税污染物排放量。

特此公告。

附件：1. 生态环境部已发布的排污许可证申请与核发技术规范清单（略）

2. 生态环境部已发布的排放源统计调查制度排（产）污系数清单（略）

生态环境部

财政部

税务总局

2021 年 4 月 28 日

2. 关于发布《排放源统计调查产排污核算方法和系数手册》的公告

（生态环境部公告 2021 年第 24 号）

为贯彻《中华人民共和国环境保护法》《中华人民共和国统计法》等法律法规，落实《排放源统计调查制度》（国统制〔2021〕18 号）要求，规范排放源产排量核算方法，统一产排污系数，我部组织制订了《排放源统计调查产排污核算方法和系数手册》（以下简称《手册》），现予发布。我部将根据排放源统计调查管理的需要，对《手册》适时予以调整并公布。

《手册》内容可登录生态环境部网站（http：//www.mee.gov.cn）查询。

特此公告。

生态环境部

2021 年 6 月 9 日

3．国家税务总局关于简并税费申报有关事项的公告

（国家税务总局公告 2021 年 9 号）

为贯彻落实中办、国办印发的《关于进一步深化税收征管改革的意见》，深入推进税务领域“放管服”改革，优化营商环境，切实减轻纳税人、缴费人申报负担，根据《国家税务总局关于开展 2021 年“我为纳税人缴费人办实事暨便民办税春风行动”的意见》（税总发〔2021〕14 号），现将简并税费申报有关事项公告如下：

一、自 2021 年 6 月 1 日起，纳税人申报缴纳城镇土地使用税、房产税、车船税、印花税、耕地占用税、资源税、土地增值税、契税、环境保护税、烟叶税中一个或多个税种时，使用《财产和行为税纳税申报表》（附件 1）。纳税人新增税源或税源变化时，需先填报《财产和行为税税源明细表》（附件 2）。《废止文件及条款清单》（附件 3）所列文件、条款同时废止。

二、自 2021 年 5 月 1 日起，海南、陕西、大连和厦门开展增值税、消费税分别与城市维护建设税、教育费附加、地方教育附加申报表整合试点，启用《增值税及附加税费申报表（一般纳税人适用）》、《增值税及附加税费申报表（小规模纳税人适用）》、《增值税及附加税费预缴表》及其附列资料和《消费税及附加税费申报表》（附件 4 至附件 10），《暂停执行文件和条款清单》（附件 11）所列文件、条款同时暂停执行。

特此公告。

附件：1. 财产和行为税纳税申报表（略）

2. 财产和行为税税源明细表（略）

3. 废止文件及条款清单（略）

4.《增值税及附加税费申报表（一般纳税人适用）》及其附列资料（略）

5.《增值税及附加税费申报表（一般纳税人适用）》及其附列资料填写说明（略）

6.《增值税及附加税费申报表（小规模纳税人适用）》及其附列资料（略）

7.《增值税及附加税费申报表（小规模纳税人适用）》及其附列资料填写说明（略）

8.《增值税及附加税费预缴表》及其附列资料（略）

9.《增值税及附加税费预缴表》及其附列资料填写说明（略）

10. 消费税及附加税费申报表（略）

11. 暂停执行文件和条款清单（略）

国家税务总局

2021 年 4 月 12 日

4. 国家税务总局广东省税务局关于发布《国家税务总局广东省税务局环境保护税核定征收管理办法》的公告

（国家税务总局广东省税务局公告 2021年第1号）

为了规范环境保护税核定征收管理，根据《中华人民共和国环境保护税法》及其实施条例、《中华人民共和国税收征收管理法》等规定，国家税务总局广东省税务局修订了《国家税务总局广东省税务局环境保护税核定征收管理办法》，现予以发布。

特此公告。

国家税务总局广东省税务局

2021年7月11日

国家税务总局广东省税务局环境保护税核定征收管理办法

第一条 为了规范环境保护税核定征收管理工作，根据《中华人民共和国环境保护税法》（以下简称《环境保护税法》）及其实施条例、《中华人民共和国税收征收管理法》等规定，制定本办法。

第二条 本办法适用于符合《环境保护税法》第十条第四项规定，无法通过监测或排污系数、物料衡算方法计算环境保护税的部分行业纳税人（包括企业事业单位和其他生产经营者，以下简称纳税人）。

第三条 实行核定征收的纳税人的应税污染物种类、数量、应纳税额，根据《环境保护税法》所附《禽畜养殖业、小型企业和第三产业水污染物污染当量值表》（附件 1，以下简称《当量值表》）及《广东省环境保护厅关于发布部分行业环境保护税应税污染物排放量抽样测算特征值系数的公告》（附件 2，粤环发〔2018〕2 号，以下简称《抽样测算公告》）核定计算。

第四条 纳税人应根据所属行业类型，按照下列方法和顺序核定计算环境保护税。

（一）禽畜养殖业排放应税水污染物

规模化禽畜养殖场按照《当量值表》计算：

应纳税额=禽畜养殖场的月均存栏量（头、羽）÷污染当量值×适用税额

月均存栏量按照月初存栏量和月末存栏量的平均数计算。

规模化禽畜养殖划分标准按照省级人民政府确定的规模标准执行。

（二）小型企业排放应税水污染物

1. 小型企业排放口安装排污计量设备，能够准确计量污水排放量的，按照《当量值表》计算：

应纳税额=污水排放量（吨）÷污染当量值×适用税额

2. 小型企业排放口未安装排污计量设备或虽安装排污计量设备，未按规定正常使用，无法准确提供污水排放量，但安装用水测量设备（水表等），可准确计量用水量的，根据用水量乘以污水排放系数核定污水排放量，按照《当量值表》计算：

应纳税额=用水量（吨）×污水排放系数÷污染当量值×适用税额

小型企业划分标准按照工业和信息化部有关规定执行。

（三）饮食娱乐服务业排放应税水污染物

1．排放口安装排污计量设备，能够准确计量污水排放量的，按照《当量值表》计算：

应纳税额=污水排放量（吨）÷污染当量值×适用税额

2．排放口未安装排污计量设备或虽安装排污计量设备，未按规定正常使用，无法准确提供污水排放量，但安装用水测量设备（水表等），可准确计量用水量的，根据用水量乘以污水排放系数核定污水排放量，按照《当量值表》计算：

应纳税额=用水量（吨）×污水排放系数÷污染当量值×适用税额

3．无法核定污水排放量的，按照《抽样测算公告》所附《部分小型第三产业排污特征值系数》计算：

应纳税额（餐饮业）=营业面积对应的排污特征值系数×适用税额

应纳税额（《部分小型第三产业排污特征值系数》中除餐饮业之外的其他行业）=特征指标数量（台、张、支等）×排污特征值系数×适用税额

（四）医院排放应税水污染物

1．排放口安装排污计量设备，能够准确计量污水排放量的，按照《当量值表》计算：

应纳税额=污水排放量（吨）÷污染当量值×适用税额

2．排放口未安装排污计量设备或虽安装排污计量设备，未按规定正常使用，无法准确提供污水排放量，但安装用水测量设备（水表等），可准确计量用水量的，根据用水量乘以污水排放系数核定污水排放量，

按照《当量值表》计算：

应纳税额=用水量（吨）×污水排放系数÷污染当量值×适用税额

3. 无法核定污水排放量的，按照《当量值表》计算：

应纳税额=病床数（床）÷污染当量值×适用税额

（五）独立燃烧锅炉、餐饮业排放应税大气污染物

纳税人使用独立燃烧锅炉（≤2 蒸吨）排放应税大气污染物、餐饮业燃烧燃煤产生废气（不含油烟类污染物和使用独立燃烧锅炉产生的废气），按照《抽样测算公告》所附《部分小型第三产业排污特征值系数》计算：

应纳税额=排污特征值系数×适用税额

（六）施工排放扬尘

按照《抽样测算公告》所附《施工扬尘排污特征值系数》计算：

应纳税额=（扬尘产生量系数-扬尘排放量削减系数）×月建筑面积或施工面积÷一般性粉尘污染当量值×适用税额

第五条 污水排放系数按照国家生态环境主管部门有关规定执行。我省污水排放系数暂按 0.7 执行，国家有新规定按新规定调整。

第六条 适用本办法的纳税人应填写《财产和行为税税源明细表》和《财产和行为税纳税申报表》有关内容，向主管税务机关如实办理纳税申报。

第七条 经过更新设备、技术改造等，或生态环境主管部门发布有关排（产）污系数、物料衡算方法，纳税人 可以通过监测或排（产）污系数、物料衡算方法计算环境保护税的，不再适用本办法。

第八条 税务机关应充分利用生态环境主管部门传递的监测信息、

处罚信息等加强环境保护税管理。税务机关发现纳税人申报数据资料异常且无正当理由的，可以提请生态环境主管部门进行复核，并依据复核意见进行调整。

第九条 税务机关依法实施环境保护税税务检查，生态环境主管部门予以配合。

第十条 税务机关要大力推行精细服务，结合环境保护税核定征收特点，针对性开展政策宣传和辅导，加大纳税辅导力度，提供多渠道、多形式涉税咨询，持续提升办税便利化水平。

第十一条 纳税人对纳税申报的真实性、准确性、完整性负责，并按照《中华人民共和国税收征收管理法》等法律法规规定，妥善保管相关证明材料留存备查。

第十二条 本公告未尽事宜，按照现行法律法规等有关规定执行。国家及省相关政策调整的，按照调整后的规定执行。

第十三条 本办法由国家税务总局广东省税务局负责解释。

第十四条 本办法自 2021 年 8 月 1 日起施行。

附录三　交通类税收

1. 关于印发《车辆购置税收入补助地方资金管理暂行办法》的通知

（财建〔2021〕50 号）

各省、自治区、直辖市、计划单列市财政厅（局）、交通运输厅（局、委），新疆生产建设兵团财政局、交通运输局：

为深入贯彻落实党中央、国务院关于加快建设交通强国的重大决策部署，积极稳妥统筹推进交通运输领域财政事权和支出责任划分改革，财政部、交通运输部对《车辆购置税收入补助地方资金管理暂行办法》等文件进行了修订完善，现印发给你们，请遵照执行。

附件：车辆购置税收入补助地方资金管理暂行办法（略）

财政部
交通运输部
2021 年 3 月 30 日

2．国家税务总局　工业和信息化部关于发布《免征车辆购置税的设有固定装置的非运输专用作业车辆目录》（第一批）的公告

（国家税务总局　工业和信息化部公告　2021年第7号）

为贯彻落实中办、国办印发的《关于进一步深化税收征管改革的意见》，深入开展2021年“我为纳税人缴费人办实事暨便民办税春风行动”，推进税务领域“放管服”改革，更好服务市场主体，根据《财政部　税务总局　工业和信息化部关于设有固定装置的非运输专用作业车辆免征车辆购置税有关政策的公告》（2020年第35号）、《国家税务总局　工业和信息化部关于设有固定装置的非运输专用作业车辆免征车辆购置税有关管理事项的公告》（2020年第20号）相关规定，现将《免征车辆购置税的设有固定装置的非运输专用作业车辆目录》（第一批）予以发布。

附件：免征车辆购置税的设有固定装置的非运输专用作业车辆目录（第一批）（略）

国家税务总局

工业和信息化部

2021年3月31日

3．国家税务总局　工业和信息化部关于发布《免征车辆购置税的设有固定装置的非运输专用作业车辆目录》（第二批）的公告

（国家税务总局　工业和信息化部公告　2021 年第 14 号）

为贯彻落实中办、国办印发的《关于进一步深化税收征管改革的意见》，深入开展 2021 年“我为纳税人缴费人办实事暨便民办税春风行动”，推进税务领域“放管服”改革，更好服务市场主体，根据《财政部　税务总局　工业和信息化部关于设有固定装置的非运输专用作业车辆免征车辆购置税有关政策的公告》（2020 年第 35 号）、《国家税务总局　工业和信息化部关于设有固定装置的非运输专用作业车辆免征车辆购置税有关管理事项的公告》（2020 年第 20 号）相关规定，现将《免征车辆购置税的设有固定装置的非运输专用作业车辆目录》（第二批）予以发布。

特此公告。

附件：免征车辆购置税的设有固定装置的非运输专用作业车辆目录（第二批）（略）

国家税务总局
工业和信息化部
2021 年 6 月 3 日

4．国家税务总局 工业和信息化部关于发布《免征车辆购置税的设有固定装置的非运输专用作业车辆目录》（第三批）的公告

（国家税务总局　工业和信息化部公告　2021 年第 29 号）

为贯彻落实中办、国办印发的《关于进一步深化税收征管改革的意见》，深入开展 2021 年“我为纳税人缴费人办实事暨便民办税春风行动”，推进税务领域“放管服”改革，更好服务市场主体，根据《财政部　税务总局　工业和信息化部关于设有固定装置的非运输专用作业车辆免征车辆购置税有关政策的公告》（2020 年第 35 号）、《国家税务总局 工业和信息化部关于设有固定装置的非运输专用作业车辆免征车辆购置税有关管理事项的公告》（2020 年第 20 号）相关规定，现将《免征车辆购置税的设有固定装置的非运输专用作业车辆目录》（第三批）予以发布。

特此公告。

附件：免征车辆购置税的设有固定装置的非运输专用作业车辆目录（第三批）（略）

国家税务总局

工业和信息化部

2021 年 9 月 22 日

5. 国家税务总局 工业和信息化部关于发布《免征车辆购置税的设有固定装置的非运输专用作业车辆目录》（第四批）的公告

（国家税务总局　工业和信息化部公告　2021 年第 32 号）

为贯彻落实中办、国办印发的《关于进一步深化税收征管改革的意见》，深入开展 2021 年“我为纳税人缴费人办实事暨便民办税春风行动”，推进税务领域“放管服”改革，更好服务市场主体，根据《财政部　税务总局　工业和信息化部关于设有固定装置的非运输专用作业车辆免征车辆购置税有关政策的公告》（2020 年第 35 号）、《国家税务总局　工业和信息化部关于设有固定装置的非运输专用作业车辆免征车辆购置税有关管理事项的公告》（2020 年第 20 号）相关规定，现将《免征车辆购置税的设有固定装置的非运输专用作业车辆目录》（第四批，附设《免申请列入〈免征车辆购置税的设有固定装置的非运输专用作业车辆目录〉车辆名称清单》）予以发布。

特此公告。

附件：免征车辆购置税的设有固定装置的非运输专用作业车辆目录（第四批）（略）

国家税务总局

工业和信息化部

2021 年 12 月 14 日

附录四 其他税收

1. 财政部 海关总署 税务总局关于对部分成品油征收进口环节消费税的公告

（财政部 海关总署 税务总局公告 2021 年第 19 号）

为维护公平税收秩序，根据国内成品油消费税政策相关规定，现将有关问题公告如下：

一、对归入税则号列 27075000，且 200 摄氏度以下时蒸馏出的芳烃以体积计小于 95%的进口产品，视同石脑油按 1.52 元/升的单位税额征收进口环节消费税。

二、对归入税则号列 27079990、27101299 的进口产品，视同石脑油按 1.52 元/升的单位税额征收进口环节消费税。

三、对归入税则号列 27150000，且 440 摄氏度以下时蒸馏出的矿物油以体积计大于 5%的进口产品，视同燃料油按 1.2 元/升的单位税额征收进口环节消费税。

四、本公告所称视同仅涉及消费税的征、退（免）税政策。

五、本公告自 2021 年 6 月 12 日起执行。

特此公告。

财政部 海关总署 税务总局

2021 年 5 月 12 日

2．财政部 税务总局关于取消钢铁产品出口退税的公告

（财政部　税务总局公告　2021 年第 25 号）

现就取消钢铁产品出口退税有关事项公告如下：

自 2021 年 8 月 1 日起，取消本公告所附清单列示的钢铁产品出口退税。具体执行时间，以出口货物报关单上注明的出口日期界定。

特此公告。

附件：取消出口退税的钢铁产品清单（略）

财政部　税务总局

2021 年 7 月 28 日

3．财政部　税务总局关于取消部分钢铁产品出口退税的公告

（财政部　税务总局公告　2021年第16号）

现就取消部分钢铁产品出口退税有关事项公告如下：

自2021年5月1日起，取消部分钢铁产品出口退税。具体产品清单见附件。具体执行时间，以出口货物报关单上注明的出口日期界定。

特此公告。

附件：取消出口退税的钢铁产品清单（略）

财政部　税务总局

2021年4月26日

4. 国家税务总局关于进一步优化增值税优惠政策办理程序及服务有关事项的公告

（国家税务总局公告　2021 年第 4 号）

为贯彻落实中共中央办公厅、国务院办公厅印发的《关于进一步深化税收征管改革的意见》，深化税务系统“放管服”改革，进一步优化税收营商环境，更好地为纳税人缴费人办实事，开展好便民办税春风行动，进一步精简享受优惠政策办理流程和手续，现将有关事项公告如下：

一、单位和个体工商户（以下统称纳税人）适用增值税减征、免征政策的，在增值税纳税申报时按规定填写申报表相应减免税栏次即可享受，相关政策规定的证明材料留存备查。

二、纳税人适用增值税即征即退政策的，应当在首次申请增值税退税时，按规定向主管税务机关提供退税申请材料和相关政策规定的证明材料。

纳税人后续申请增值税退税时，相关证明材料未发生变化的，无需重复提供，仅需提供退税申请材料并在退税申请中说明有关情况。纳税人享受增值税即征即退条件发生变化的，应当在发生变化后首次纳税申报时向主管税务机关书面报告。

三、除另有规定外，纳税人不再符合增值税优惠条件的，应当自不符合增值税优惠条件的当月起，停止享受增值税优惠。

本公告自2021年4月1日起施行。

特此公告。

国家税务总局

2021年3月29日

5．财政部 税务总局关于进一步完善研发费用税前加计扣除政策的公告

（财政部　税务总局公告　2021 年第 13 号）

为进一步激励企业加大研发投入，支持科技创新，现就企业研发费用税前加计扣除政策有关问题公告如下：

一、制造业企业开展研发活动中实际发生的研发费用，未形成无形资产计入当期损益的，在按规定据实扣除的基础上，自 2021 年 1 月 1 日起，再按照实际发生额的 100%在税前加计扣除；形成无形资产的，自 2021 年 1 月 1 日起，按照无形资产成本的 200%在税前摊销。

本条所称制造业企业，是指以制造业业务为主营业务，享受优惠当年主营业务收入占收入总额的比例达到 50%以上的企业。制造业的范围按照《国民经济行业分类》（GB/T 4754—2017）确定，如国家有关部门更新《国民经济行业分类》，从其规定。收入总额按照企业所得税法第六条规定执行。

二、企业预缴申报当年第 3 季度（按季预缴）或 9 月份（按月预缴）企业所得税时，可以自行选择就当年上半年研发费用享受加计扣除优惠政策，采取“自行判别、申报享受、相关资料留存备查”办理方式。

符合条件的企业可以自行计算加计扣除金额，填报《中华人民共和国企业所得税月（季）度预缴纳税申报表（A 类）》享受税收优惠，并根据享受加计扣除优惠的研发费用情况（上半年）填写《研发费用加计扣除优惠明细表》（A107012）。《研发费用加计扣除优惠明细表》（A107012）与相关政策规定的其他资料一并留存备查。

企业办理第 3 季度或 9 月份预缴申报时，未选择享受研发费用加计扣除优惠政策的，可在次年办理汇算清缴时统一享受。

三、企业享受研发费用加计扣除政策的其他政策口径和管理要求，按照《财政部　国家税务总局　科技部关于完善研究开发费用税前加计扣除政策的通知》（财税〔2015〕119 号）、《财政部　税务总局　科技部关于企业委托境外研究开发费用税前加计扣除有关政策问题的通知》（财税〔2018〕64 号）等文件相关规定执行。

四、本公告自 2021 年 1 月 1 日起执行。

特此公告。

财政部　税务总局

2021 年 3 月 31 日

6. 国家税务总局关于进一步落实研发费用加计扣除政策有关问题的公告

（国家税务总局公告　2021 年第 28 号）

为贯彻落实国务院激励企业加大研发投入、优化研发费用加计扣除政策实施的举措，深入开展 2021 年“我为纳税人缴费人办实事暨便民办税春风行动”，方便企业提前享受研发费用加计扣除优惠政策，现就有关事项公告如下：

一、关于 2021 年度享受研发费用加计扣除政策问题

（一）企业 10 月份预缴申报第 3 季度（按季预缴）或 9 月份（按月预缴）企业所得税时，可以自主选择就前三季度研发费用享受加计扣除优惠政策。

对 10 月份预缴申报期未选择享受优惠的，可以在 2022 年办理 2021 年度企业所得税汇算清缴时统一享受。

（二）企业享受研发费用加计扣除政策采取“真实发生、自行判别、申报享受、相关资料留存备查”的办理方式，由企业依据实际发生的研发费用支出，自行计算加计扣除金额，填报《中华人民共和国企业所得税月（季）度预缴纳税申报表（A 类）》享受税收优惠，并根据享受加计扣除优惠的研发费用情况（前三季度）填写《研发费用加计扣除优惠明细表》（A107012）。《研发费用加计扣除优惠明细表》（A107012）与政策规定的其他资料一并留存备查。

二、关于研发支出辅助账样式的问题

（一）《国家税务总局关于企业研究开发费用税前加计扣除政策有关

问题的公告》（2015 年第 97 号，以下简称 97 号公告）发布的研发支出辅助账和研发支出辅助账汇总表样式（以下简称 2015 版研发支出辅助账样式）继续有效。另增设简化版研发支出辅助账和研发支出辅助账汇总表样式（以下简称 2021 版研发支出辅助账样式），具体样式及填写说明见附件。

（二）企业按照研发项目设置辅助账时，可以自主选择使用 2015 版研发支出辅助账样式，或者 2021 版研发支出辅助账样式，也可以参照上述样式自行设计研发支出辅助账样式。

企业自行设计的研发支出辅助账样式，应当包括 2021 版研发支出辅助账样式所列数据项，且逻辑关系一致，能准确归集允许加计扣除的研发费用。

三、关于其他相关费用限额计算的问题

（一）企业在一个纳税年度内同时开展多项研发活动的，由原来按照每一研发项目分别计算“其他相关费用”限额，改为统一计算全部研发项目“其他相关费用”限额。

企业按照以下公式计算《财政部　国家税务总局　科技部关于完善研究开发费用税前加计扣除政策的通知》（财税〔2015〕119 号）第一条第（一）项“允许加计扣除的研发费用”第 6 目规定的“其他相关费用”的限额，其中资本化项目发生的费用在形成无形资产的年度统一纳入计算：

全部研发项目的其他相关费用限额=全部研发项目的人员人工等五项费用之和×10%/（1-10%）

“人员人工等五项费用”是指财税〔2015〕119 号文件第一条第（一）项“允许加计扣除的研发费用”第 1 目至第 5 目费用，包括“人员人工费用”“直接投入费用”“折旧费用”“无形资产摊销”和“新产品设计费、新工艺规程制定费、新药研制的临床试验费、勘探开发技术的现场试验费”。

（二）当“其他相关费用”实际发生数小于限额时，按实际发生数计算税前加计扣除额；当“其他相关费用”实际发生数大于限额时，按限额计算税前加计扣除额。

四、执行时间

本公告第一条适用于2021年度，其他条款适用于2021年及以后年度。97号公告第二条第（三）项“其他相关费用的归集与限额计算”的规定同时废止。

特此公告。

附件：1. 2021版研发支出辅助账（样式）（略）

2. 2021版研发支出辅助账汇总表（样式）（略）

国家税务总局

2021年9月13日

7. 国家税务总局　国家发展改革委　生态环境部关于落实从事污染防治的第三方企业所得税政策有关问题的公告

（国家税务总局　国家发展改革委　生态环境部公告　2021 年第 11 号）

根据《中华人民共和国企业所得税法》及其实施条例、《财政部　税务总局　国家发展改革委　生态环境部关于从事污染防治的第三方企业所得税政策问题的公告》（2019 年第 60 号，以下简称 60 号公告）的规定，为落实好从事污染防治的第三方企业（以下简称第三方防治企业）所得税优惠政策，现将有关问题公告如下：

一、优惠事项办理方式

第三方防治企业依照 60 号公告规定享受优惠政策时，按照《国家税务总局关于发布修订后的〈企业所得税优惠政策事项办理办法〉的公告》（2018 年第 23 号）的规定，采取“自行判别、申报享受、相关资料留存备查”的方式办理。

二、主要留存备查资料

第三方防治企业依照 60 号公告规定享受优惠政策的，主要留存备查资料为：

（一）连续从事环境污染治理设施运营实践一年以上的情况说明，与环境污染治理设施运营有关的合同、收入凭证。

（二）当年有效的技术人员的职称证书或执（职）业资格证书、劳动合同及工资发放记录等材料。

（三）从事环境保护设施运营服务的年度营业收入、总收入及其占比等情况说明。

（四）可说明当年企业具备检验能力，拥有自有实验室，仪器配置可满足运行服务范围内常规污染物指标的检测需求的有关材料：

1．污染物检测仪器清单，其中列入《实施强制管理计量器具目录》的检测仪器需同时留存备查相关检定证书；

2．当年常规理化指标的化验检测全部原始记录，其中污染治理类别为危险废物的利用与处置的，还需留存备查危险废物转移联单。

（五）可说明当年企业能保证其运营的环境保护设施正常运行，使污染物排放指标能够连续稳定达到国家或者地方规定的排放标准要求的有关材料：

1．环境污染治理运营项目清单、项目简介。

2．反映污染治理设施运营期间主要污染物排放连续稳定达标的所有自动监测日均值等记录，由具备资质的生态环境监测机构出具的全部检测报告。从事机动车船、非道路移动机械、餐饮油烟治理的，如未进行在线数据监测，也可不留存备查在线监测数据记录。

3．运营期内能够反映环境污染治理设施日常运行情况的全部记录、能够说明自动监测仪器设备符合生态环境保护相关标准规范要求的材料。

（六）仅从事自动连续监测运营服务的第三方企业，提供反映运营服务期间自动监测故障后及时修复、监测数据“真、准、全”等相关证明材料，无须提供反映污染物排放连续稳定达标相关材料。

三、相关后续管理

（一）第三方防治企业享受60号公告优惠政策后，税务部门将按照规定开展后续管理。

（二）税务部门在后续管理过程中，对享受优惠的企业是否符合60

号公告第二条第五项、第六项规定条件有疑义的，可转请《环境污染治理范围》（见附件）所列的同级生态环境或发展改革部门核查。

（三）生态环境或发展改革部门收到同级税务部门转来的核查资料后，应组织专家或者委托第三方机构进行核查。核查可以采取案头审核或实地核查等方式。需要实地核查的，相关部门应协同进行，涉及异地核查的，企业运营项目所在地相关部门应予以配合。生态环境或发展改革部门应在收到核查要求后两个月内，将核查结果反馈同级税务部门。

本公告自 2021 年 6 月 1 日起施行。

特此公告。

附件：环境污染治理范围（略）

国家税务总局

国家发展改革委

生态环境部

2021 年 4 月 29 日

8．国务院关税税则委员会关于调整部分钢铁产品关税的公告

（税委会公告〔2021〕4 号）

为更好保障钢铁资源供应，推动钢铁行业高质量发展，国务院关税税则委员会决定，自 2021 年 5 月 1 日起，调整部分钢铁产品关税。调整清单见附件。

附件：1. 钢铁产品进口关税调整表（略）

2. 钢铁产品出口关税调整表（略）

国务院关税税则委员会

2021 年 4 月 27 日

9. 国务院关税税则委员会关于 2022 年关税调整方案的通知

（税委会〔2021〕18 号）

海关总署：

为完整、准确、全面贯彻新发展理念，支持构建新发展格局，继续推动高质量发展，根据《中华人民共和国进出口关税条例》的相关规定，自 2022 年 1 月 1 日起，对部分商品的进出口关税进行调整，现将《2022 年关税调整方案》印送你署，具体内容见附件。

附件：2022 年关税调整方案（略）

国务院关税税则委员会

2021 年 12 月 13 日

10．关于公布《环境保护、节能节水项目企业所得税优惠目录（2021 年版）》以及《资源综合利用企业所得税优惠目录（2021 年版）》的公告

（财政部　国家税务总局　发展改革委　生态环境部公告　2021 年第 36 号）

为培育壮大节能环保产业，推动资源节约高效利用，现发布《环境保护、节能节水项目企业所得税优惠目录（2021 年版）》和《资源综合利用企业所得税优惠目录（2021 年版）》，有关事项公告如下：

一、《环境保护、节能节水项目企业所得税优惠目录（2021 年版）》和《资源综合利用企业所得税优惠目录（2021 年版）》自 2021 年 1 月 1 日起施行。

二、企业从事属于《财政部 国家税务总局 国家发展改革委关于公布环境保护节能节水项目企业所得税优惠目录（试行）的通知》（财税〔2009〕166 号）和《财政部 国家税务总局 国家发展改革委关于垃圾填埋沼气发电列入〈环境保护、节能节水项目企业所得税优惠目录（试行）〉的通知》（财税〔2016〕131 号）中目录规定范围的项目，2021 年 12 月 31 日前已进入优惠期的，可按政策规定继续享受至期满为止；企业从事属于《环境保护、节能节水项目企业所得税优惠目录（2021 年版）》规定范围的项目，若 2020 年 12 月 31 日前已取得第一笔生产经营收入，可在剩余期限享受政策优惠至期满为止。

三、企业从事资源综合利用属于《财政部 国家税务总局 国家发展改革委关于公布资源综合利用企业所得税优惠目录（2008 年版）的通知》（财税〔2008〕117 号）中目录规定范围，但不属于《资源综合利用企业

所得税优惠目录（2021 年版）》规定范围的，可按政策规定继续享受优惠至 2021 年 12 月 31 日止。

四、税务机关在后续管理中，如不能准确判定企业从事的项目是否属于《环境保护、节能节水项目企业所得税优惠目录（2021 年版）》，以及资源综合利用是否属于《资源综合利用企业所得税优惠目录（2021 年版）》规定的范围，可提请省级以上（含省级）发展改革和生态环境等部门出具意见。

五、《财政部 国家税务总局 国家发展改革委关于公布环境保护节能节水项目企业所得税优惠目录（试行）的通知》（财税〔2009〕166 号）、《财政部 国家税务总局 国家发展改革委关于公布资源综合利用企业所得税优惠目录（2008 年版）的通知》（财税〔2008〕117 号）以及《财政部 国家税务总局 国家发展改革委关于垃圾填埋沼气发电列入〈环境保护、节能节水项目企业所得税优惠目录（试行）〉的通知》（财税〔2016〕131 号）自 2022 年 1 月 1 日起废止。

附件：1. 环境保护、节能节水项目企业所得税优惠目录（2021 年版）（略）

2. 资源综合利用企业所得税优惠目录（2021 年版）（略）

财政部

国家税务总局

国家发展改革委

生态环境部

2021 年 12 月 16 日

参考文献

[1] Tullock G. Water Resources Research[J]. Excess Benefit，1967，3（2）：643-644.

[2] Pearce D. The Role of Carbon Taxes in Adjusting to Global Warming[J]. The Economic Journal，1991（101）：938-948.

[3] 王佳邓，孙启宏，李小敏，等. 环境保护税对经济和碳排放影响研究——以江苏省为例[J]. 生态经济，2021，37（5）：51-56.

[4] Wen H W，Deng W F，Guo Q N. The effects of the environmental protection tax law on heavily polluting firms in China[J]. PloS One，2021，16（12）.

[5] 龙凤，葛察忠，林菲，等. 环境保护税对企业绩效的影响研究：基于税额标准的提高[J]. 中国环境管理，2021，13（5）：127-134，60.

[6] 于连超，孙帆，毕茜，等. 环境保护费改税有助于提升企业产能利用率吗？——来自《环境保护税法》实施的准自然实验证据[J]. 上海财经大学学报，2021，23（4）：32-47.

[7] 刘晓光，邵润欣. 环境保护税、技术创新与企业财务绩效——基于双重差分法的研究[J]. 工业技术经济，2021，40（9）：24-30.

[8] 于连超，张卫国，毕茜. 环境保护费改税促进了重污染企业绿色转型吗？——来自《环境保护税法》实施的准自然实验证据[J]. 中国人口·资源与环境，2021，31（5）：109-118.

[9] 陈建涛，吴茵茵，陈建东. 环境保护税对重污染行业环保投资的影响[J]. 税务研究，2021（11）：44-49.

[10] 王珮，杨淑程，黄珊. 环境保护税对企业环境、社会和治理表现的影响研究——基于绿色技术创新的中介效应[J]. 税务研究，2021（11）：50-56.

[11] 甄美荣，江晓壮. 环境税对企业绿色技术创新的影响——基于政府质量和绿色购买的调节效应[J]. 大连理工大学学报（社会科学版），2021，42（4）：26-36.

[12] 丁国峰. 公共利益视域下环境保护税制度的完善[J]. 税务研究，2021（11）：63-67.

[13] Wang J X，Lin J T，Feng K S，et al. Towards reducing inter-city economic inequality embedded in China's environmental protection tax law[J]. Environmental Research Letters. 2021，16（12）.

[14] Li P N，Lin Z G，Du H B，et al. Do environmental taxes reduce air pollution? Evidence from fossil-fuel power plants in China[J]. Journal of Environmental Management. 2021，295.

[15] 国家税务总局北京市税务局课题组，张之乐，邢志红. 关于优化环境保护税征管措施的思考及建议[J]. 中国税务，2021（10）：56-57.

[16] 国家税务总局天津市税务局课题组，高丽丽，刘立敏. 天津环境保护税征管现状与对策建议[J]. 天津经济，2021（1）：41-45.

[17] 黄素梅，李佳鹏. 试析我国环境保护税征管中的难题与对策[J]. 税务研究，2021（2）：139-143.

[18] 曹晓青，薛钢，明海蓉. 环境保护税征收管理的国际借鉴与优化路径[J]. 财政监督，2021（13）：80-85.

[19] 张希栋. 环境保护税协同征收须健全征管协作机制[J]. 环境经济，2021（15）：52-55.

[20] 王新涛. 关于协同推进排污许可制与环境保护税的思考[J]. 环境与可持续发展，2021，46（1）：37-40.

[21] 于佳曦，赵治成. 基于征管视角的环境保护税制度完善建议[J]. 税务研究，2021（11）：57-62.

[22] 刘田原. 环境税涉税信息共享机制探析[J]. 地方财政研究，2021（2）：84-90.

[23] 陈煌，王力，黄德生，等. 我国环境保护税实施困境及对策研究[J]. 环境与可持续发展，2021，46（4）：18-23.

[24] 李跃. 资源税改革对内蒙古自治区财政收入的影响研究[D]. 内蒙古：内蒙古财经大学，2021.

[25] 张迎春. 资源税改革对山东省财政收入的影响研究[D]. 济南：山东财经大学，2021.

[26] 林锋. 浅析资源税改革对矿山企业及税收的影响与对策[J]. 财经界，2021（36）：178-179.

[27] 鲍春晓. 资源税改革对煤炭企业税负及经营状况的影响研究[D]. 上海：华东交通大学，2021.

[28] 余玥. 资源税改革对企业绿色创新的影响研究[D]. 济南：济南大学，2021.

[29] 秦洁瑶. 资源税对大气质量改善的综合效应实证分析[J]. 现代营销（学苑版），2021（7）：168-172.

[30] 李慧玲，汤娉宇. 我国资源税授权立法制度研究[J]. 时代法学，2021，19（5）：16-24.

[31] 张健，李鑫. 天津资源税立法专题调研报告[J]. 天津经济，2021（6）：50-52.

[32] 姜昕，佟佳俐，王淑梅. 水资源税改革试点成效评估及全面推开实现路径[J]. 地方财政研究，2021（11）：66-74.

[33] 范国华. 高质量发展下水资源税改革的研究[J]. 河北企业，2021（11）：126-128.

[34] 郑贵华，陈蕾莉. 水资源税改革过程中的问题与对策探讨——基于“1+9”水资源税改革试点情况[J]. 市场周刊，2021，34（8）：89-91.

[35] 刘福荣，牛有为，万毅，等. 宁夏水资源税改革实施进展及建议[J]. 中国农村水利水电，2021（12）：111-114，121.

[36] 赵志尚，马红梅，边晓南. 水资源税改革试点成效与问题分析——以山东德州为例[J]. 地方财政研究，2021（7）：47-55.

[37] 顾德瑞. 水资源税征管协作机制探究——基于试点文本的整体考察[J]. 中国石油大学学报（社会科学版），2021，37（1）：109-115.

[38] 高新伟，周春燕. 车辆购置税优惠对新能源汽车企业创新绩效的影响分析[J]. 中国石油大学学报（社会科学版），2021，37（1）：11-19.

[39] 孟为. 财税激励与实体企业全要素生产率——基于车辆购置税减免视角[J]. 财会月刊，2021（22）：151-160.

[40] 谭宜功. 车辆购置税征管与政策优化研究[J]. 北方经贸，2021（2）：107-109.

[41] 张德勇. 加快构建新发展格局的消费税改革探讨[J]. 税务研究，2021（4）：64-69.

[42] 王文甫，刘亚玲. 消费税征收环节后移改革的品目范围研究[J]. 税务研究，2021（4）：70-76.

[43] 罗秦. 新发展格局下的消费税改革再思考[J]. 税务研究，2021（4）：56-63.

[44] 贾晓薇，王志强. 以开征碳税为契机构建我国碳减排复合机制[J]. 税务研究，2021（8）：18-21.

[45] 曹斯蔚. 全球公共物品视角的中国碳税设计研究[J]. 河北金融，2021（10）：9-14.

[46] 王茹. 碳税与碳交易政策有效协同研究——基于要素嵌入修正的多源流理论分析[J]. 财政研究，2021（7）：25-37.

[47] 李建军，刘紫桐. 中国碳税制度设计：征收依据、国外借鉴与总体构想[J]. 地方财政研究，2021（7）：29-34.

[48] 丁成林，柴红艳，刁新斌. 碳税征管的国际实践及经验借鉴[J]. 金融纵横，2021（9）：66-70.

[49] 许文. 碳达峰、碳中和目标下征收碳税的研究[J]. 税务研究，2021（8）：22-27.

[50] 谢超，李瑾，徐恩多. 构建“碳市场为主，碳税为辅”的碳定价体系[J]. 国际金融，2021（5）：20-31.

[51] 张希良，张达，余润心. 中国特色全国碳市场设计理论与实践[J]. 管理世界，2021，37（8）：80-95.

[52] 任超，王洪宇. 从税收中性原则探究碳税再循环机制的构建[J]. 财会月刊，2021（4）：155-160.

[53] 葛杨. 碳税制度的国际实践及启示[J]. 金融纵横，2021（4）：48-55.

[54] 唐滔，陈一稀. 绿税经验基础上的碳税工具探索[J]. 中国金融，2021（20）：71-72.

[55] 翁智雄. 中国实现碳中和远景目标的市场化减排机制研究[J]. 环境保护，2021，49（Z1）：66-69.

[56] 杨长进，田永，许鲜. 实现碳达峰、碳中和的价税机制进路[J]. 价格理论与实践，2021（1）：20-26，65.

[57] 汪中华，陈思宇. DSGE 模型下碳税政策与厂商技术冲击的动态效应研究[J]. 科技与管理，2021，23（4）：57-64.

[58] 邵晖，梁爽. 碳税政策效果评估研究——基于北京市节能减排及对经济影响的分析[J]. 预算管理与会计，2021（5）：44-47.

[59] 李毅，石威正，胡宗义. 基于 CGE 模型的碳税政策双重红利效应研究[J]. 财经理论与实践，2021，42（4）：82-89.

[60] 翁智雄，吴玉锋，李伯含，等. 征收差异化行业碳税对中国经济与环境的影响[J]. 中国人口·资源与环境，2021，31（3）：75-86.

[61] 王明喜，胡毅，郭冬梅，等. 碳税视角下最优排放实施与企业减排投资竞争[J]. 管理评论，2021，33（8）：17-28.

[62] 安祺，庞军，冯相昭. 中国实现碳达峰的政策建议——基于碳定价机制模型的多情景模拟分析[J]. 环境与可持续发展，2021，46（1）：58-70.

[63] 任高飞，陈瑶瑶. 国际比较视角下我国绿色税制的完善与构建[J]. 当代经济，2021（2）：96-98.

[64] 张莉，马蔡琛. 碳达峰、碳中和目标下的绿色税制优化研究[J]. 税务研究，2021（8）：12-17.

[65] 刘海英，郭文琪. 环境税与研发补贴政策组合的绿色技术创新诱导效应[J]. 科技管理研究，2021，41（1）：194-202.

[66] 周迪，罗东权. 绿色税收视角下产业结构变迁对中国碳排放的影响[J]. 资源科学，2021，43（4）：693-709.

[67] 孙玉栋，庞伟. 促进构建新发展格局的现代税收制度完善建议[J]. 税务研究，2021（6）：45-50.

[68] 马念谊，苏畅，黄永凤. 东盟国家特别消费税制比较及启示[J]. 税务研究，2021（9）：

63-69.

[69] 张德勇. 加快构建新发展格局的消费税改革探讨[J]. 税务研究，2021（4）：64-69.

[70] 罗秦. 新发展格局下的消费税改革再思考[J]. 税务研究，2021（4）：56-63.

[71] 佘倩影. 调节性功能视角下的消费税立法检视[J]. 税务研究，2021（7）：72-77. DOI：10. 19376/j. cnki. cn11-1011/f. 2021. 07. 011.

[72] World Bank. Carbon Tax Guide：A Hand book for Policy Makers[R]. World Bank，Washington，2017.

[73] 范远飞. 中国碳税制度构建的法律思考[D]. 南昌：南昌大学，2014.

[74] 李幸欣. 我国碳税立法构建研究[D]. 广州：广东财经大学，2015.

[75] 毛涛. 《巴黎气候变化协定》背景下中国碳税立法构思[J]. 中国政法大学学报. 2017（3）：118-133.

[76] 曹静韬. 从庇古税的有效性看中国环境保护的费改税[J]. 税务研究，2016（4）：37-41.

[77] 陈少英. 环境排污费改税的立法选择——基于税收本质观的重新思考[J]. 华东理工大学学报（社会科学版），2016，31（1）：108-116，132.

[78] 许文. 环保税会增加企业负担吗？[J]. 环境经济，2017（10）：18-21.

[79] 龙凤，杨琦佳，葛察忠，等. 环境保护税对企业经济负担的影响分析[J]. 环境保护，2018，46（Z1）：84-87.

[80] 李旭红，郑贞. 我国环境保护税污染抑制效应的实证研究[J]. 税务研究，2015（11）：94-99.

[81] 刘晔，张训常. 环境保护税的减排效应及区域差异性分析——基于我国排污费调整的实证研究[J]. 税务研究，2018（2）：41-47.

[82] 卢洪友，刘啟明，祁毓. 中国环境保护税的污染减排效应再研究——基于排污费征收标准变化的视角[J]. 中国地质大学学报（社会科学版），2018，18（5）：67-82.

[83] 孙钰鹏，苑泽明. 环保税会倒逼企业升级吗？——基于创新投入中介效应的分析[J]. 税务研究，2020（4）：95-102.

[84] Porter M E，van der Linde C． Toward a new conception of the environment-competitiveness relationship[J]. Journal of Economic Perspectives，1995，9（4）：97-118.

[85] Berman E，Bui L T M . Environmental regulation and labor demand：evidence from the South Coast Air Basin[J]. Papers，2001，79（2）：265-295.

[86] Bravo，S，Estrada，V. H. Oligopolistic Competition，Asymmetric Trade and Pollution Taxes [J]. Journal of Economics，2018，22（1）：1-12.

[87] Dorsey-Palmateer，Reid，Ben Niu. The Effect of Carbon Taxation on Cross Border Competition and Energy Efficiency Investments[C]. Proceedings. Annual Conference on Taxation and Minutes of the Annual Meeting of the National Tax Association，2018：1-18.

[88] Xiao J J，Heng J. Market equilibrium and the environmental effects of tax adjustments in china's automobile industry[J]. The Review of Economics and Statistics，2014，96（2）：306-317.

[89] Khurana I K，Moser W J，Raman K K. Tax avoidance，managerial ability，and investment efficiency[J]. Abacus，2018，54（4）：547-575.

[90] Orset C. How do travellers respond to health and environmental policies to reduce air pollution？[J]. Ecological Economics，2019，156：68-82.

[91] Bertarelli S，Lodi C. Heterogeneous firms，exports and Pigouvian pollution tax：does the abatement technology matter？[J]. Journal of Cleaner Production，2019，228：1099-1110.

[92] Prest B C，Krupnick A. How clean is “refined coal”？ An empirical assessment of a billion-dollar tax credit[J]. Energy Economics，2021，97：105023.

[93] Foramitti J，Savin I，van den Bergh Jeroen C.J.M. Emission tax vs. permit trading under bounded rationality and dynamic markets[J]. Energy Policy，2021，148：112009.

[94] 许文. 环保税会增加企业负担吗？[J]. 环境经济，2017（10）：18-21.

[95] Bravo S，Estrada V H. Oligopolistic Competition，Asymmetric Trade and Pollution Taxes

[J]. Journal of Economics，2018，22（1）：1-12.

[96] 杨朝飞. 积极探讨“费改税” 稳妥推进排污收费制度的革命性变革（上）[J]. 环境保护，2010，38（20）：8-12.

[97] 陈少英. 环境排污费改税的立法选择——基于税收本质观的重新思考[J]. 华东理工大学学报（社会科学版），2016，31（1）：108-116，132.

[98] 崔也光，鹿瑶，王京. 环境保护税对重污染行业企业自主技术创新的影响[J]. 税务研究，2021（7）：60-65.

[99] 谢智慧，孙养学，王雅楠. 环境规制对企业环保投资的影响——基于重污染行业的面板数据研究[J]. 干旱区资源与环境，2018（3）：12-16.

[100] Zhao X，Yue Z，Zeng S，et al. Corporate behavior and competitiveness：impact of environmental regulation on Chinese firms[J]. Journal of Cleaner Production，2015，86（Jan. 1）：311-322.

[101] 贾康，白景明，马晓玲. “费改税”与政府收入规范化思路研究[J]. 管理世界，1999（4）：55-64，70.

[102] 冷传莉，全耕雨. 环境保护税绿色创新激励规则的改进——基于产品绿色创新的视角[J]. 南京工业大学学报（社会科学版），2021，20（4）：21-29.

[103] Grossman G M，Helpman E . Growth，Trade，and Inequality[J]. Econometrica，2014，86（1）：37-83.

[104] 李青原，肖泽华. 异质性环境规制工具与企业绿色创新激励——来自上市企业绿色专利的证据[J]. 经济研究，2020，55（9）：17.

[105] Lanjouw J O，Mody A . Innovation and the international diffusion of environmentally responsive technology[J]. Research Policy，1996.

[106] Johnstone N . Environmental Policy Stringency and Technological Innovation：Evidence from Survey Data and Patent Counts[J]. Applied Economics，2012，44（17）：2157-2170.

[107] Barney J B. Firm Resource and Sustained Competitive Advantage[J]. Journal of

Management，1991，17（1）：99-120.

[108] 于连超，张卫国，毕茜. 环境税会倒逼企业绿色创新吗？[J]. 审计与经济研究，2019，34（2）：79-90.

[109] 吴勋，王艳. 环境税收，企业环保投资与环境质量——基于重污染行业上市公司的经验证据[J]. 税收经济研究，2019，24（4）：11.

[110] Wolfe J，Sauaia A C A. The Tobin q as a company performance indicator[C]. Developments in business simulation and experiential learning：proceedings of the annual ABSEL conference. 2003.

[111] Tu H G，Xiao X. An Empirical Study on the Impact of Environmental Regulation on Autonomous Innovation - based on Negative Binomial Distribution Model[J]. Business Review，2014，26（1），57-65.

[112] 涂红星，肖序. 环境管制对自主创新影响的实证研究——基于负二项分布模型[J]. 管理评论，2014，26（1）：57-65.

[113] Becker R，Henderson V . Effects of Air Quality Regulations on Polluting Industries[J]. Journal of Political Economy，2000，108（2）：379-421.

[114] 王梦媛. 资源税对保持生态功能与经济发展的影响研究[D]. 南京：南京信息工程大学，2021.

[115] 张迎春. 资源税改革对山东省财政收入的影响研究[D]. 济南：山东财经大学，2021.

[116] 李贞，徐祥升，李璐. 新能源汽车产业财税激励政策调研报告[J]. 中国市场，2020，26（4）：197-198.

[117] 高维. 完善我国绿色税收体系的思考[J]. 西部财会，2021（10）：16-19.

[118] 陈晓彤. 从民法典“绿色原则”看关税制度“绿色化”的必要性与可行性[C].《上海法学研究》集刊(2020 年第 21 卷总第 45 卷)—上海市法学会财税法学研究会文集. 上海市普陀区人民法院商事审判庭，2020（21）：7-83.

[119] 周波，李玉琦. 中国消费税职能定位及改革策略研究[J]. 财经问题研究，2021（9）：

83-92.

[120] 常纪文，许军祥，于可利，等. 能否为再生资源行业减税？——我国再生资源行业税收政策的建设现状与改革建议[J]. 中国生态文明，2021（5）：70-72.